Manipulación

Cuáles son las técnicas de persuasión usadas para la manipulación mental, para influenciar y negociar. ¡Cómo y por qué se termina diciendo que sí!

Por:

Fabián Goleman

Fabián Goleman

Nacido en New York el 24 de agosto de 1960 en el seno de una familia burgués de origen española. Fabian desde muy joven mostró una vocación artística y una sensibilidad fuera de común. Obtuvo el doctorado de Psicología en Harvard.

Gracias a los consejos de sabiduría, inspiración y amor de Fabian Goleman, muchas personas han podido redescubrir los verdaderos valores de la vida y el optimismo necesario para tener una mayor confianza en sí mismo.

El principal mensaje filosófico de Fabian que nos deja en sus libros, es que toda persona en la tierra es un milagro y debe elegir dirigir su vida con confianza y congruencia con las leyes que gobiernan la abundancia.

...Mi vigor aumentará, mi entusiasmo aumentará, mi deseo de encontrarme con el mundo superará cualquier miedo que conocí al amanecer, y seré más feliz de lo que nunca pensé que podría ser en este mundo de lucha y dolor. F.G.

Pasa con la fotocamara de tu cel

Si quieres dejar tu opinión y ganarte un cheque regalo Amazon, abre este QR Code atreves de la foto cámara de tu celular o entrando directamente en este enlace:

www.fabiangoleman.com/cheque-regalo

MANIPULACIÓN

Introducción

¿Cómo usar este libro?

El ser humano tiene todas las posibilidades para alcanzar sus metas personales. Desafortunadamente, en el camino nos cruzamos con individuos que socavan estas posibilidades desde el control. Esta es la esencia del libro que leerás: la manipulación mental. Todo cuanto hacemos en el día a día trae consigo un cúmulo de emociones. Pero, ¿cómo reaccionamos ante estas es lo importante? Esta es una pregunta que encontrarás presente en buena parte de los capítulos a continuación. La verdad es que, si me preguntaran por la razón que me llevó a escribir este libro, tengo que responder con otra pregunta que, en lo personal, considero mucho más importante que cualquier posible razón aislada: ¿qué nos impide tomar el control de nuestra vida?

Por desgracia, en este momento muchas personas se encuentran vulnerables en distintos factores. La razón de ser de estas vulnerabilidades puede encontrarse en:

a. Condicionamientos adquiridos durante los primeros años de nuestro desarrollo.
b. Condicionamientos adquiridos por experiencia propia.
c. Rasgos propios de nuestra personalidad.
d. El efecto de los otros sobre nosotros.

Independientemente de la razón que nos haya hecho vulnerables a los manipuladores, todas estas pueden ser solucionadas en el marco de acciones puntuales y el cerebro es la clave. En la medida en que entendamos cómo funciona nuestra mente, las posibilidades de encontrar la salida del laberinto aumentan significativamente. A este respecto apunta cada uno de los capítulos que componen este libro: ofrecerte las herramientas para liberarte de la manipulación (emocional, psicológica y afectiva), y entender la realidad que te rodea desde tu mapa personal.

Dicho esto, empecemos.

Capítulo 1

Definición de la manipulación mental y sus características

¿Te has preguntado alguna vez por qué siempre terminas cediendo ante los deseos de otras personas, incluso cuando estos no se encuentran alineados con tu propia voluntad? O, si se quiere, ¿por qué antepones la felicidad de otras personas sobre la tuya? Cuáles son esos factores que nos impiden retomar el control de nuestras vidas al tiempo que entregamos nuestro poder de decisión a alguien más. Estos elementos serán profundamente estudiados más adelante. Por ahora, quiero que te centres en este capítulo y en sus distintos componentes.

Todos somos manipulables, en mayor o menor medida, pero esto no quiere decir que debamos perder el control de lo que somos y queremos. En contraparte, es justo decir que todos nosotros hemos manipulado a alguien en diversos escenarios de nuestra vida. No vale la pena mentirnos al respecto. En líneas generales, considero que la manipulación forma parte de nuestro día a día, de lo que somos como especie. Pero, que sucede ¿cuándo esta característica relativamente natural se eleva a niveles insospechados de maltrato, dominio y destrucción emocional?

Un manipulador te mentirá activamente, pondrá excusas, te culpará o compartirá estratégicamente hechos sobre ellos y ocultará otras verdades. Al hacer esto, sienten que están ganando poder sobre ti y ganando superioridad intelectual.

Exageración y generalización

Los manipuladores son expertos en exagerar y generalizar. Pueden decir cosas como: "Nadie me ha querido nunca". Utilizan acusaciones vagas para que sea más difícil ver los agujeros en sus argumentos.

Humor cruel

Esta táctica utilizada por los manipuladores tiene por objeto señalar tus puntos débiles y hacerte sentir inseguro. Al hacerte quedar mal, tienen una sensación de superioridad psicológica.

En la medida en que aprendamos a identificar cuándo estamos siendo manipulados, tendremos un mayor control en cuanto a la toma de decisiones, acciones y consecución del éxito en la vida. Lo realmente importante, si me preguntas, pasa por no caer en este tipo de trampas. Está claro que, en muchos casos, la manipulación no tiene tintes corrosivos ni busca hacer daño. No obstante, esta es un arma de doble filo que termina (casi siempre, por no generalizar) provocando daños inminentes.

Independientemente de quién provenga, esta ha de ser suprimida o evitada por completo. Solo a través de estrategias y acciones orientadas a este fin, conseguiremos el control de nuestras vidas. Supongo que ya estarás harto de ser tratado como una simple marioneta que carece de alma y de inteligencia propia. No hace falta negarlo; todos los que hemos sufrido algún tipo de manipulación nos sentimos, más temprano que tarde, como juguetitos puestos a disposición de alguien más para cumplir metas que nos son ajenas.

Definición y algunas consideraciones sobre la manipulación mental

En la literatura psicológica, existen algunos manuales que nos permiten plantear distintos tipos de definiciones; en todo caso, todas estas apuntan hacia un mismo objetivo: tomar ventaja sobre los programas mentales de otras personas para sacar un provecho específico. Si bien es cierto que, en la mayoría de los casos, la manipulación mental se da de una forma inconsciente por parte del manipulador, esto no significa que el daño sea menor. Por ejemplo, un líder tóxico puede ejercer su influencia sobre sus colaboradores más inmediatos a través de una presión concebida desde su posición de poder.

Para nadie es un secreto que, en ciertos sectores profesionales, la manipulación juega un papel fundamental en términos de control y subyugación de colegas o subalternos. Esto promueve una cierta aceptación implícita por parte de la sociedad, que no se atreve a emitir juicios de ningún tipo para que no se le considere como invasor en un proceso aparentemente normal. Ahora bien, ¿qué pasa cuando el manipulado termina llevando a cabo acciones éticamente reprochables debido a este tipo de coacciones? Es por esta razón que creo imprescindible saber definir e identificar la manipulación como una herramienta (corrosiva) por parte de ciertas personas y como un lastre para quien no consigue zafarse del peso que ella conlleva.

Lo preocupante de este tipo de violencia es que puede encontrarse en prácticamente todos los ámbitos de la sociedad. Incluso un matrimonio puede ser caldo de cultivo para que una persona de carácter manipulador despliegue sus tácticas para ejercer control sobre las decisiones de alguien más. Los contextos pueden variar significativamente, no obstante, el riesgo es el mismo. Independientemente de si nos ubicamos en escenarios sociales, académicos, profesionales, políticos, sociológicos o antropológicos, la manipulación mental es un factor a tener siempre en consideración.

Ahora, ¿qué propicia que un manipulador tome acción sobre otra persona de forma genuina, sin previos conocimientos sobre tácticas de persuasión? En esto tiene mucho que ver la naturaleza humana, sus programaciones y condicionamientos mentales. Un ejemplo válido es el de aquellos individuos que han tenido una infancia repleta de abusos emocionales o físicos. Sin entrar en detalles estadísticos, es muy común que este tipo de personas desarrollen un cuadro manipulador de forma empírica y no por haber estudiado a los grandes manipuladores de la historia. Sin embargo, esto es un mito que no ha podido ser comprobado por la ciencia, más allá de ciertos cuadros comparativos. Después de todo, la manipulación mental puede resumirse en ejercer poder sobre otro. Y, para ello, no hace falta haber estudiado en la mejor universidad de manipuladores del planeta Tierra.

La escritora Vitelleschi Belén, en su libro *Manipulación Afectiva*, nos ayuda a derribar este mito con el siguiente párrafo:

> La creencia de que los manipuladores responden únicamente al perfil de oscuros personajes de películas de suspenso con mentalidad maquiavélica y actos ruines ha pasado de moda. En nuestra actualidad, los medios de comunicación muestran diariamente, sin velo alguno, discursos, propagandas, escenas de ficción, noticias o situaciones convencionales donde el recurso de la manipulación es moneda corriente. Discursos políticos con tendencia a instalar una idea o derribar otras; publicidades donde se incita la posesión material como fuente de felicidad; personajes anónimos que adquieren popularidad sólo por aparecer en todos los medios, son claros ejemplos. Hoy, la cultura de la satisfacción inmediata y la vorágine mediática fomentan la manipulación como un recurso válido para asegurar el éxito.

Cojamos como ejemplo este caso: Antonio planea hacer Y, pero Luca quiere que haga X en su lugar. Luca ha intentado sin éxito dar a Antonio razones para hacer X en lugar de Y. Si Luca no está dispuesto a recurrir a la coacción o a la fuerza, podría desplegar cualquiera de las siguientes tácticas para intentar influir en la elección de Antonio. Por ejemplo, Luca podría...

- Engañar a Antonio para que quiera complacer a Luca haciendo X.
- Exagerar las ventajas de hacer X y las desventajas de hacer Y, y/o subestimar las desventajas de hacer X y las ventajas de hacer Y.
- Hacer que Antonio se sienta culpable por preferir hacer Y.
- Inducir a Antonio a un estado emocional que haga que hacer X parezca más apropiado de lo que realmente es.
- Señalar que hacer Y hará que Antonio parezca menos digna y atractiva para sus amigos.

- Hacer que Antonio se sienta mal consigo mismo y presentar Y como una opción que confirmará o exacerbará este sentimiento, y/o presentar X como una opción que lo desconfirmará o combatirá.
- Hacer un pequeño favor a Antonio antes de pedirle que haga X, para que se sienta obligada a cumplirlo.
- Hacer que Antonio dude de su propio juicio para que confíe en el consejo de Luca para hacer X.
- Dejarle claro a Antonio que si hace Y en lugar de X, Luca le retirará su amistad, se enfadará o se volverá irritable y desagradable en general.
- Centrar la atención de Antonio en algún aspecto de hacer Y que Antonio teme y aumentar ese miedo para conseguir que cambie de opinión sobre hacer Y.

Cada una de estas tácticas podría considerarse razonablemente una forma de manipulación. Muchas de ellas también tienen nombres más específicos y comunes, como "viaje de culpabilidad" (táctica 3), "luz de gas" (táctica 8), "presión de grupo" (táctica 5), "negación" (táctica 6) y "chantaje emocional" (táctica 9). Tal vez no todo el mundo esté de acuerdo en que todas las tácticas de esta lista se describan correctamente como manipulación. Y en algunos casos, que la táctica parezca manipuladora puede depender de varios detalles que no se especifican en el caso descrito. Por ejemplo, si Y es gravemente inmoral, tal vez no sea manipulador que Luca induzca a Antonio a sentirse culpable por haber planeado hacer Y. También es posible que revisemos nuestros juicios sobre algunas de estas tácticas a la luz de una teoría de la manipulación totalmente elaborada y bien respaldada, si la tuviéramos. No obstante, esta lista debería proporcionar una idea razonablemente buena de lo que entendemos por "manipulación" en el contexto actual. También debería servir para ilustrar la gran variedad de tácticas que se suelen describir como manipulación.

Características reconocibles de la manipulación mental

Aunque no se le haya dado la resonancia que creo merece, la

manipulación mental como estrategia para el éxito es un mal endémico que acosa a la sociedad en todos sus ámbitos si nos es echa para un fin positivo. Como se mencionó en el segmento anterior, mayormente esta se ejerce desde la involuntariedad. Lo que agrega mayor importancia a este mal. ¿Es necesario controlar las acciones de otras personas para alcanzar nuestros objetivos de vida? Desde luego, no. Sin embargo, parece imposible desarraigarnos de la idea de que esta es una táctica valiosa para la consecución de nuestras metas. Si tienes la sospecha de que pudieras estar siendo manipulado mentalmente por tu jefe, por algún amigo e incluso por tu pareja sentimental, es hora de aprender todo lo relacionado a esta forma de violencia que te afecta negativamente.

Una verdad inobjetable es que todos estamos expuestos a ser manipulados de diversas maneras. Cada estadio de la vida supone, así mismo, una exposición constante a otras personas. Si no nos abocamos a suprimir cualquier atisbo de manipulación, corremos el riesgo de sufrir efectos insidiosos tanto en nuestra salud física, psíquica, como en nuestra forma de relacionarnos con los otros. No hay que olvidar que esta es una agresión hostil que hemos interiorizado como algo normal. Conviene entender que muchas veces el daño se encuentra en haber normalizado la manipulación mental. Este ejercicio, solapado y arbitrario, cuando se vuelve crónico echo de manera negativa, disminuye nuestras posibilidades de éxito porque nos mantiene encerrados en una celda imaginaria de la que, en parte, somos responsables.

Las víctimas de este tipo de manipulación están, además, expuestas a:

- Desarrollar ansiedad.
- Entrar en un patrón depresivo crónico.
- No son capaces de desarrollar mecanismos de afrontamiento cónsonos con personas exitosas.
- Les cuesta confiar en los demás.
- No se sienten cómodos con la verdad, tendiendo siempre a mentir incluso en cuestiones anodinas.

Una de las razones por las que este mal es tan peligroso, es porque quien se encuentra atrapado en este tipo de dinámicas, a menudo es incapaz de establecer un criterio propio de la realidad que le rodea. En otras palabras, pueden llegar a cuestionar su percepción de la realidad. A nadie le gusta ser controlado, es cierto, pero, ¿qué pasa cuando hemos aceptado implícitamente que nuestras decisiones no son las más adecuadas? Esto sugiere, de forma inconsciente, que no somos capaces de ser efectivos en ningún aspecto, lo que nos lleva a ceder el control a alguien más que ha sabido vendernos la idea de que ceder nuestro control es una estrategia para que las cosas salgan como esperamos.

En este sentido, es tan común como espeluznante cómo cada día nos enfrentamos a manipuladores que han perfeccionado sus métodos para dominarnos. Como los virus. Lo que nos puede proteger de ellos es un cóctel de aceptación, autoconfianza y la puesta en práctica de hábitos que propicien una mentalidad adecuada. Los tipos de manipulación, según el entorno en que se desarrollan, son:

En el trabajo: mayormente representada por jefes controladores que basan su control en nosotros desde una relación de poder nada equitativa. Es indispensable reconocer este tipo de liderazgos; de lo contrario, liberarnos será cada vez más difícil.

En nuestras relaciones sociales: existe una relación muy marcada entre nuestra autoconfianza, lo que percibimos de nosotros mismos, y las posibilidades de ser manipulados por quienes conforman nuestro entorno inmediato. Si asumimos por un momento (solo como ejercicio) que todas las personas tienen un cierto grado de manipulador en su conformación genética, entonces la mejor defensa es sentirnos bien con nosotros mismos. De esta manera, no nos permitiremos ceder el control de nuestras decisiones bajo ninguna circunstancia.

En nuestra relación sentimental: otro de los escenarios más frecuentes se da en el ámbito sentimental o romántico. ¿Quién no se ha sentido alguna vez atrapado en una dinámica en la que apenas somos capaces de tomar alguna decisión? La manipulación puede hacer que una persona se sienta intimidada, sin valor o aislada. Se trata, en definitiva, de una cuestión compleja. Por ejemplo, una persona puede llegar a manipular a su pareja para evitar discusiones o para ganar confrontaciones. Sin embargo, la manipulación puede tomar muchas formas: la exageración, la violencia pasivo-agresiva, la entrega desmedida de responsabilidades, las críticas constantes o la adulación excesiva. Es por ello que, en un contexto sentimental, este tipo de conductas representan una bomba de tiempo.

Para darte un ejemplo, te cuento la historia de un muchacho que tuve en terapia;

David, un abogado canadiense, tiene 28 años, pero ya ha tenido 11 relaciones serias. Dice que cada una de esas relaciones terminó con infidelidad por su parte, y con graves dudas por parte de las mujeres. Es un "gaslighter" confesó.

"Mirando hacia atrás, está claro que yo estaba iluminando con gas a las mujeres y haciéndoles dudar poco a poco de su versión de la realidad", dice.

Ahora habla para comprender la mente de un "gaslighter" y advertir a las mujeres de las señales que lo delatan.

El gaslighting se ha descrito como un abuso psicológico en el que se presenta deliberadamente información falsa a la víctima, con el fin de que ésta se cuestione su propia memoria y percepción de los hechos.

David se enteró de que era un gaslighter recientemente, mientras estaba en terapia.

Sitúa el inicio de su comportamiento en una relación cuando era un estudiante de derecho de 21 años.

Federica era cuatro años mayor y estaba terminando un máster. David describe la relación como "romántica pero inestable".

Pronto empezó a tener encuentros sexuales con otras mujeres a espaldas de ella.

Pero Federica era una mujer inteligente y pronto se dio cuenta de que David le estaba siendo infiel. David dice que, para seguir engañándola, sin dejar de mantener su relación, tuvo que "alterar su realidad".

Comenzó a identificar "técnicas y caminos" en los que podía manipular a Federica, sentando las bases para hacer más creíbles las mentiras que vendrían después.

"Federica era extremadamente inteligente, pero era consciente de que estaba dejando huellas de la infidelidad en el mundo digital, en las redes sociales", dice David.

Dice que durante un tiempo le hizo bromas señalando su "obsesión" por las redes sociales, haciéndole sentir que era sospechosa de una manera poco saludable, incluso "loca".

"Utilicé deliberadamente un lenguaje denigrante para hacerla perder la confianza en su lectura de la situación y de mi infidelidad. Estaba 'paranoica', estaba 'loca', estaba 'llena de drama'.

"Todo esto lo decía en broma. Pero se acumulaban con el tiempo, y entonces ella empezó a creer".

A modo de conclusión

Como habrás notado, retomar el control de tus propias decisiones es el único modo para salvaguardarte de la actitud manipuladora de los otros. Para ello, te recomiendo que pongas en práctica ejercicios sencillos que te ayuden a reconectarte contigo mismo, con tu valor y con lo que percibes de ti mismo. Entendiendo que todos los seres humanos poseemos características maravillosas que nos hacen únicos e irrepetibles, tiene sentido que aceptemos lo que somos y podemos lograr. La autoconfianza es una de las herramientas doradas para alcanzar este punto. Prácticas como la meditación, la verbalización de tus deseos, habilidades y destrezas, la escritura de un diario y la visualización, tendrán un efecto significativo en tu autopercepción.

Todos somos capaces de reflexionar y tomar decisiones positivas para salir adelante. Lo único que nos impide hacerlo está en nosotros mismos. Si cuestionas cada una de tus acciones, es probable que hayas alimentado años de manipulación por parte de agentes externos. Sea cual fuere tu caso, puedes tomar las riendas de tu vida siempre y cuando te hagas consciente de que es la única opción válida para tener una existencia plena, próspera y feliz. En caso contrario, vivirás cada uno de tus días subyugado a alguien que antepone *su* felicidad a la tuya. Sobra decir que nadie (absolutamente nadie) quiere que las cosas te salgan bien más que tú mismo.

Capítulo 2

Estudios científicos y reglas sobre la manipulación mental

La manipulación ha formado parte de nosotros desde el primer día de la existencia humana. Si eres creyente, seguramente interpretarás aquella acción de Eva como uno de los primeros ejercicios de manipulación en la historia de la humanidad. Existen otros ejemplos más o menos representativos a lo largo de la historia de cómo el hombre ha desempeñado un papel fundamental en el control mental de sus contemporáneos.

Muchos especialistas han invertido años y recursos en dar cuenta de cómo funciona el cerebro humano en términos de autopercepción y autoconfianza. Todos ellos, en mayor o menor medida, han visto de soslayo la cuestión de la manipulación. ¿Cuáles son estas reglas sobre la manipulación? ¿A qué conclusiones han llegado los expertos en este tema tan importante para la consecución de la felicidad y la plenitud?

Ten en cuenta que para superar una problemática (sea esta microscópica o de dimensiones bíblicas) lo primero es entender de qué manera nos vemos afectados por esta, cómo se genera y qué acciones podemos ejecutar para evitar su incidencia en nuestras vidas. Dicho esto, es conveniente apoyarnos en quienes han dedicado años enteros a profundizar todo cuanto ha sido posible en el estudio de la materia que hoy nos compete: la manipulación mental.

Del libro *Manipulación Afectiva*:

> Así como la manipulación de la mente se convierte en el elemento clave de cualquier propaganda y de la industria del marketing en general, también ha socavado el concepto del éxito y sus derivados. Es más sencillo hacer uso de la difusión y el hacer

creer a otros, ¿cómo?, Manipulando la visión de las personas, sosteniendo la idea de éxito, divulgándola y generando la sensación de veracidad que vuelve confiable y creíble una creencia.

¿Qué dicen los especialistas acerca de la manipulación mental?

A lo largo de los últimos años, la neurociencia se ha encargado de ofrecernos una cantidad variopinta de opciones, alternativas y tácticas, para mejorar nuestras condiciones de vida desde adentro, es decir, desde la comprensión de cómo funciona nuestra mente. Te sorprendería saber cuán efectivas son muchas de las estrategias recomendadas por los especialistas de la neurociencia en sus trabajos y conversatorios especializados. Sin embargo, muchos de ellos han optado por un enfoque más optimista y correctivo. En otras palabras, la mayor parte de los estudios de neurociencia consultados apuntan a mejorar condiciones como la autoconfianza, la determinación, la fuerza de voluntad y la motivación, siendo estas medidas correctivas que nos ayudan (en segundo grado) a no ser presa fácil de manipuladores.

En este sentido, nuestros especialistas recomiendan dinámicas y juegos mentales para fortalecer nuestra relación con nosotros mismos, es decir con nuestras habilidades, destrezas, limitaciones y oportunidades de mejora. Entre los ejercicios más comunes para *engañar a nuestra mente,* se destacan:

- El dilema del prisionero y la temperatura.
- El efecto McGurk.
- La ilusión del cuerpo invisible.

Además de recomendar la práctica frecuente de hábitos como:

- La visualización.
- La meditación.
- La gratitud.

Estas herramientas corresponden a un enfoque de "auto manipulación". En otras palabras, es cuando el enemigo se encuentra encerrado en la bóveda de nuestro cráneo. Infinidad de científicos han intentado comprender cómo funcionan esos mecanismos de aceptación y afrontamiento que cada uno de nosotros tenemos en nuestro haber mental. Los primeros en intentarlo fueron, sin dudas, los filósofos. Posteriormente el testigo fue tomado por los científicos de las ciencias sociales. Ahora bien, uno de los grandes desafíos que ha tenido que enfrentar la ciencia ha sido el siguiente: ¿Manipulación o influencia? ¿Persuasión, quizá? Este es un dilema que ha arrastrado siglos de conjeturas, conclusiones nada concluyentes y más preguntas que respuestas.

¿Dónde está, entonces, la frontera entre influir en alguien más y manipularlo? Marie-France Hirigoyen, quien se ha desempeñado como médico psiquiatra, psicoanalista y psicoterapeuta, nos dice lo siguiente:

> También a veces nosotros, conscientemente o no, manipulamos: una comunicación no siempre es completamente neutra. Puede ser por el bien del otro (un progenitor puede hacerle tomar un medicamento a su hijo; un profesor trata de transmitir mejor sus enseñanzas...). También puede hacerse de forma inofensiva, como en el caso del cónyuge al que manipulamos para que nos acompañe a una reunión que le parece aburrida. Ningún sector de la vida social se libra de la manipulación, tanto en el trabajo para que un compañero te eche una mano como en la amistad cuando disfrazamos los hechos para dar una mejor imagen de nosotros mismos. En estos casos, la manipulación no es malévola ni destructiva, sino que forma parte, mientras exista una reciprocidad, del intercambio normal. Pero si uno toma el poder sobre otro, dicha "manipulación negativa" se convierte en abuso.

Cuestiones como estas han sido planteadas desde que el ser humano empezó a interpretar su realidad individual en comparación con la de quienes le rodean. A partir de ese momento, surge la necesidad de investigar todo cuanto sea posible para entender por qué existe la manipulación mental, por qué se ha arraigado tan profundamente en las sociedades y, en definitiva, quiénes son especialmente vulnerables para caer en ella. Por ejemplo, la especialista Graciela Chiale, licenciada en sociología, nos dice en su libro *Las Trampas de los Manipuladores*:

> Todas las personas tenemos puntos débiles, pero hay personalidades más vulnerables que otras, porque tienen ciertos traumas de la infancia no resueltos. La pérdida de un progenitor a edad temprana, la convivencia con adultos manipuladores en su entorno afectivo, el tener una madre o un padre que abandona, una educación represiva, entre otras razones, podrían ser la génesis de dicha vulnerabilidad. En esa realidad "donde los otros todo lo sabían" ha aprendido que no debe sentirse herido, aunque lo esté, pero, sobre todo, ha aprendido que, de alguna manera, por incomprensible que parezca, es responsable de lo que le ocurre. Puede sufrir el maltrato y sentirse merecedor de él.

Aunque se ha hecho un esfuerzo significativo por tener datos conclusivos, parece imposible sacar conclusiones cuando el objetivo de estudio es la mente humana, un vasto universo de subjetividades.

La importancia de los hábitos, según la neurociencia.

Siguiendo la idea ofrecida por la socióloga argentina Graciela Chiale, algunas de las razones más comunes para que una persona desarrolle cierta vulnerabilidad son:

- Entorno familiar manipulador.
- Educación represiva.
- La pérdida de un progenitor en edad temprana.

Aplicando el enfoque de la neurociencia, la clave pasa por desarrollar nuevos procesos mentales que sustituyan las viejas programaciones enraizadas en el cerebro de estos individuos. Desarrollar nuevos procesos no es una tarea difícil, pero requiere constancia y mucha fuerza de voluntad. No hay que olvidar que un hábito no es más que un comportamiento aprendido a través de la repetición constante. Dicho esto, para crear nuevas conexiones neuronales y una reconexión emocional con nuestras habilidades y capacidades, conviene entonces realizar algunos ejercicios con mucha frecuencia y compromiso.

Por ejemplo, la gratitud. Se ha demostrado que, conforme nos mostremos agradecidos por todas las cosas buenas que ocurren a nuestro alrededor, consolidamos una conexión con nuestra esencia primaria. Diversos estudios en relación al tema confirman que quien practica la gratitud como un hábito diario muestra mejoras en los siguientes aspectos:

- Nos ayuda en el relacionamiento con los demás.
- Autopercepción positiva.
- Nos ayuda a reconectar mente y actitud en un mismo sentido.
- Nos permite hacernos conscientes de lo que ocurre a nuestro alrededor.

En líneas generales, una posible respuesta para liberarnos de los condicionamientos propios de nuestra niñez o adolescencia se encuentra en la práctica de conductas adecuadas, concebidas desde la tranquilidad y el encuentro con nosotros mismos. El punto focal para romper con esas ataduras pasa por tratarnos amablemente. Esto quiere decir que, quien quiera librarse de la manipulación mental a la que está siendo sometido, deberá eliminar todos los pensamientos limitantes que nos llevan a tratarnos mal. Por ejemplo, ¿qué sentido tiene decir "no puedo", incluso cuando no puedes? Ninguno. Te propongo que sustituyas este sistema de creencias, que no aporta nada, por uno en que tú seas el protagonista, uno en que tus habilidades sean una fortaleza digna de reseñarse. Y si no puedes, ¿qué pasa si no puedes? Entonces serás el guerrero que logró reponerse de las peores adversidades para así llegar a su meta. En todo caso, ¡nunca te rendiste!

Dicho de otra manera, solo te quitarás de encima el peso de los otros cuando te sientas bien contigo mismo. Sí, sé que esto puede resultar un desafío monstruoso, pero no es tan difícil como crees. Si hoy estás aquí, atento a lo que lees, es porque quieres dejar de ser manipulado por los demás y aprender a influir de manera positiva. La buena noticia es que has dado un gran paso al interesarte por ti y por mejorar tu situación, de manera que vas encaminado a ese punto en el que serás el único dueño de tu vida y de tu destino. ¡No te rindas! Mi última recomendación de este capítulo es: no cometas el error de creer que eres demasiado inteligente como para convertirte en una víctima de algún tipo de manipulación mental. Todas las personas, en determinadas circunstancias, podemos abandonar nuestro razonamiento crítico para adoptar el de alguien más. Evita, a toda costa, los aires de grandeza.

Capítulo 3

Tipos de manipulación

Es necesario ahondar en nuestro conocimiento de la manipulación. No somos capaces de enfrentar o superar cualquier circunstancia, sea esta sencilla o compleja, si no entendemos bien cuáles son sus tipos. En el caso que aquí nos compete, ¿cuáles son los tipos de manipulación que existen en la realidad? ¿Todas son responsabilidad de nosotros mismos o debe reconocerse el mérito en la otra parte, es decir, en el manipulador? Si bien es cierto que no considero que existan realidades absolutas, principalmente porque la mente humana es el órgano más complejo e indescifrable del mundo, es posible establecer patrones que nos faciliten la comprensión de esta.

Los estudios relacionados a este tema nos han ofrecido, al menos, una decena de tipos bastante frecuentes en la dinámica del día a día. Tal como te he mencionado anteriormente, desde padres hasta maravillosos oradores, la clasificación de manipuladores puede sorprenderte. La información ofrecida en este capítulo te ayudará a identificar y clasificar cada uno de estos tipos.

Si de algo estoy seguro es de que, si miras de soslayo, te toparás con varios de estos tipos de manipuladores en tu vida. Son como un virus, están por todas partes y parece imposible que nos libremos de ellos. No obstante, recuerda que no hay mejor sistema inmunológico que el conocimiento. Solo tienes que robustecer tu discernimiento y, poco a poco, desarrollarás los anticuerpos necesarios para que estos virulentos personajes no amenacen tu felicidad.

Cuando te manipulan para un fin negativo, el manipulado está siendo testigo pasivo de cómo se destruye su criterio para incorporar un razonamiento ajeno, el del manipulador. Desde luego, ¡todas las tácticas son válidas para evitar tremenda catástrofe! Pero, de entre todas, el conocimiento es la mejor de las virtudes posibles.

Tipos de manipulación

¿Qué tal si doblamos la apuesta? Es bien sabido que la manipulación es un arma utilizada en casi todos los aspectos de la vida. Pero, ¿tienes alguna idea de cómo clasificar este tipo de actitudes? Evidentemente, no existe una fórmula perfecta para saber cuál es el más importante porque, en efecto, la importancia es solo relativa a la persona manipulada. Por ejemplo, si sientes que en la oficina eres constantemente manipulado por tu supervisor a través de distintas tácticas, para ti no será tan relevante el hecho de que existe un tipo de manipulación que crece como una planta en una pareja romántica. De manera que, la clasificación que leerás a continuación fue establecida por asiduidad y presencia entre las personas más que por su valor de relevancia.

Estas son los 7 tipos de manipulación más comunes:

1. Manipulación paternal.

Uno de los tipos más corrosivos es la manipulación paternal. Para nadie es un secreto que los niños, por encontrarse en una etapa de crecimiento y constante desarrollo, son más propensos a ser manipulables que cualquier adulto. Esto se debe, en primer lugar, a que ellos todavía están construyendo un razonamiento crítico de las cosas, un criterio propio. De manera que cualquier intromisión paternal que busque adentrarse en este proceso de construcción para "agregar un mapa externo", no solo es una invasión reprochable, sino que constituye un tipo de manipulación reconocido como "manipulación paternal".

Esto sucede con mayor frecuencia en los casos de padres que atraviesan un proceso de divorcio. Cuando esto ocurre, por desgracia, se suele ver a padres manipulando a sus hijos con diversas estrategias (amenazas, promesas, regalos) para ganar así su lealtad y poder enfrentar un juzgado con un arma a su favor. Sin embargo, este no es el único escenario donde es muy visible la manipulación paternal. He leído sobre casos en que ambos padres han inducido a sus hijos a brindar falsos testimonios por distintas razones: mayormente para conseguir alguna ventaja económica o jurídica.

Miremos el ejemplo de una niña que tuve en terapia, despúes que regreso nuevamente a vivir con su amada mama;

"Dijo que mi madre es una mentirosa, que todo lo que ha pasado es culpa suya, que no nos quiere, que ha sido una abusona con nosotros", cuenta en el programa Maria.

La experiencia de Maria es un ejemplo de la llamada manipulación parental, es decir, la manipulación deliberada de un niño por parte de uno de los progenitores contra el otro durante el divorcio o la separación.

Dos años después de la separación de sus padres, Maria y sus hermanos se fueron a vivir con su padre.

Dice que él les impedía deliberadamente ver a su madre, inventándose cosas como: "había salido a beber en la noche anterior y tenía mareo, así que ya no podía molestarse en venir a visitarlos".

"Nos mintió", dice Maria. "Como yo solo tenía nueve años, hasta los 12, no sabía nada y no entendía".

El punto de inflexión para Maria llegó en el 2013 cuando tenía 14 años, recibió un mensaje de texto de su madre diciendo que todavía la quería y la amaba mucho.

Maria dice que intuyó que su padre podía estar ocultando la verdad, y pidió ver a su madre.

"Me respondió: 'No, si sigues con este comportamiento, te pondrán en un orfanato y ahí, no podremos cuidarte más'", recuerda.

Maria decidió escaparse dos veces, y en la segunda ocasión, consiguió llegar a casa de una tía, donde habló por teléfono con su madre por primera vez después de tantos años.

Ahora vive con su madre y ha cortado todos los lazos con su padre.

"Cómo puede este hombre ser un padre, cómo puede cuidar a un niño pequeño si ha hecho esto", dice ella.

Este tipo de manipulación no tiene efectos inmediatos en los niños, pero condiciona su visión de la realidad una vez llegada la adolescencia, momento en que el joven preferirá esperar que nuevos agentes externos le digan qué hacer en lugar de tomar sus propias decisiones.

2. El que sabe jugar con las palabras.

Una de las características más comunes en los manipuladores es que poseen una capacidad casi infinita para torcer las palabras dichas de manera tal que estas, en la interpretación posterior, les favorezcan. Por ejemplo: le dices a tu pareja "pensé que iríamos al cine" a lo que él responde "Yo solo dije que no tenía problema con divertirme." El hecho de que los primeros comentarios relacionados a la salida al cine dejaran un espacio a la interpretación, facilitó el camino para que el manipulador jugara con las palabras de manera que estas no pudieran responsabilizarle de nada.

Parece un poco enrevesado, pero estas personas han perfeccionado esta habilidad con el pasar de los años, por lo que parecen casi invencibles. Un buen método para vencer esta estrategia es ser muy enfático con las palabras: en lugar de "pensé que iríamos al cine", mejor un "te he dicho que ya compré dos boletos para ir al cine". Así, cierras todos los caminos para que el manipulador escape con sus triquiñuelas. Está en tus manos retomar el control de la situación; para ello, entra en su juego, impídele las salidas semánticas, ¡toma las riendas! Estoy seguro de que existe algún manipulador de estos en tu vida.

3. Promesas imposibles.

¿Cuándo fue la última vez que prometiste algo prácticamente imposible de cumplir solo porque estabas siendo presionado? Los manipuladores son expertos en ponernos en este tipo de situaciones. Ejercen sobre nosotros una presión incalculable, nos acercan a la orilla, obligándonos a prometer cosas que no podremos cumplir. Toda esta pantomima tiene un fin muy claro y conciso: culparte. Si cedes a la presión y prometes algo, deberás cumplirlo sí o sí; de lo contrario, te caerá encima un aguacero de reproches y culpas. Este tipo de manipulación es muy común entre amigos; te recomiendo que tengas mucho cuidado y evites caer en esto.

Claro está, muchas veces la dinámica se da de una forma tan agresiva... tenemos tanto estrés encima, entonces apelamos a lo que los psicólogos sociales llaman la gratificación instantánea: creemos que, si prometemos algo, dejaremos de sentir esa presión sobre nuestros hombros. Si por alguna razón caíste en este juego, y prometiste algo, procura cumplirlo. Pero, si puedes, lo ideal es que evites a toda costa poner tu palabra en juego cuando te encuentres en una situación de estrés. Esto solo representa una cosa: cedes tu control y tu poder a alguien más.

¿Te parece bien un ejemplo?

Si un amigo te dice: me prometiste que me ayudarías, nos vemos en una hora.

Puedes responder: lo recuerdo, estaré libre en un par de días.

Así, no cedes a la presión al tiempo que reconoces que tu palabra está sobre la mesa y que cumplirás tu promesa.

4. Manipulación romántica.

Se ha dicho mucho acerca de la manipulación romántica. Es la punta del iceberg en cuanto a control y dominio mental se trata. Si bien es cierto que, estadística y culturalmente, el rol de poder y manipulación recae en el elemento masculino, es importante evitar generalizaciones de este tipo. Ahora bien, ¿en qué consiste la manipulación romántica? Para nadie es un secreto que el proceso de conocimiento de una pareja es uno de los más complejos de cualquier ámbito social. No solo nos enfrentamos a un individuo diametralmente opuesto a nosotros (en algunos casos), con sus propias subjetividades y complejos, sino que nos exponemos a ser manipulados de distintos modos posibles.

La base de la manipulación romántica está construida sobre una base indivisible: miedo. Por ejemplo, hay quienes manipulan con regalos o halagos. Pero también existen quienes imponen su visión a través del miedo, de la violencia física, psíquica o verbal; son estos quienes más daño pueden ocasionar, aunque toda manipulación genera una grieta invisible en nosotros.

Esta joven, por ejemplo, nos cuenta su testigo;

Adele pasó años viviendo con un hombre encantador, pero siempre parecía estar haciendo algo mal. Con el tiempo, empezó a darse cuenta de que el problema no era ella, sino él, y cuando conoció a una de sus anteriores novias, Camelia, todo cogió sentido. Aquí Adele cuenta su historia, seguida por Camelia.

Otras personas parecen arreglárselas, compartiendo una vida con alguien, contentos y tranquilos en compañía del otro. Pero la idea de una relación todavía me aterra. Muchos años después, sigo sintiendo pánico al mencionar el nombre de mi ex, ese hombre encantador al que temía y adoraba a partes iguales.

Un hombre encantador, hermoso y exitoso que me había hecho suya. Era todo lo que podía soñar. Era un hombre de altos vuelos, su carisma era magnético y yo estaba embelesada. Cuando estaba con ese hombre encantador, se nos abrían las puertas y las mejores mesas quedaban disponibles de repente. Viajamos por todo el mundo por su trabajo, alojándonos en los mejores hoteles y comiendo en los mejores restaurantes. Parecía ser capaz de encandilar la vida en cualquier idioma.

Pero yo le fallé.

Lo arruinaba todo: las cenas, las conversaciones, las salidas nocturnas, las vacaciones, al mencionar el nombre de un ex, al sacar mi bolso delante de sus amigos o al querer llevar mi propio pasaporte y dinero cuando estábamos en el extranjero.

Podía estar furioso durante días. Mi comportamiento inapropiado le había dejado en evidencia, no sabía si podía seguir estando con alguien como yo, podía hacerlo mucho mejor.

También arruiné los cumpleaños y las Navidades, simplemente por ser "demasiado estúpida y cruel" para entender lo que era mejor para él.

Quería que le comprara regalos caros: "Son sólo 4.000 Euros, usa tus ahorros", decía. "Pero son los ahorros de toda la vida", le respondía. "No puedo tocarlos, es imposible. Quiero hacerte feliz pero no puedo permitírmelo".

El encantador hombre lloró: le había defraudado y nada de lo que hiciera podría compensarlo.

Él no dormía mucho, así que yo tampoco. No se me permitía "arruinar su noche" yéndome a dormir antes que él. Si lo hacía, me despertaba de madrugada, queriendo hablar de nuestra relación y de lo que estaba haciendo mal. Estaba agotada. Tenía la sensación de ir por la vida a trompicones, cogiendo el sueño cuando y donde podía. El baño para discapacitados del trabajo se convirtió en un refugio para una siesta a la hora del almuerzo.

¿Por qué no me fui antes? Bueno, era encantador y mi familia lo quería. Y yo estaba en una edad en la que la vida era un torbellino de compromisos y bodas. Parientes bienintencionados me decían que yo era la siguiente. El tic-tac de mi reloj biológico se hacía más fuerte a medida que las bodas dejaban paso a los bautizos.

Además, le adoraba y este increíble hombre me había elegido. Tenía problemas y yo tenía que ayudarle. Sabía que le había hecho daño y quería mejorarlo.

Si salía con mis amigos se encerraba en su estudio. Sus gritos resonaban mientras se acurrucaba bajo su enorme escritorio de cuero, así que casi nunca salía sin él.

Me decía que era fácilmente reemplazable y me enseñaba fotos y cartas de las otras mujeres que lo querían, así que yo lloraba y trataba de ser una novia mejor.

Cada vez que era demasiado y trataba de salir, él se acurrucaba en posición fetal frente a la puerta llorando y gritándome que no lo dejara, así que no lo hacía. Me sentaba en el suelo y le abrazaba, prometiéndole que me esforzaría por mejorarlo.

Era agotador, pero las relaciones son un trabajo duro y nadie es perfecto.

"Nunca lo harás mejor que él, es perfecto, ¿no quieres tener hijos?", decía la gente.

Pero llegó un momento en que supe que no podía quedarme.

Sentía como si mi cuerpo y mi cerebro se estuvieran rompiendo por el puro agotamiento de tener que gestionar la vida con este hombre. Engordé, pero no podía hacer ejercicio porque no le gustaba que estuviera lejos de él. La comida se convirtió en mi mayor consuelo.

Temía la idea de irme, pero me aterraba la idea de pasar el resto de mi vida con él.

Al final llegó la oportunidad de escapar y pude empaquetar mis pertenencias sin que él sospechara mis verdaderas razones. Con el apoyo de mi hermana, pude alejarme en coche y caer exhausta en el suelo de su cocina.

Tuve que hacer terapia para entender que no era normal que tu pareja sacara la puerta del baño de las bisagras porque lo habías "dejado" para ir al baño o al retrete.

Solía atesorar mis momentos de soledad sentada en el baño con un libro. Cuando estaba con él, miraba el reloj, pensando en cuándo podría volver a escaparme para tener unos minutos de paz tras esa puerta cerrada. Pronto se dio cuenta de esto y mi corazón se hundía cada vez que oía el destornillador en las bisagras, con él llorando que sólo quería estar conmigo.

Cuando decía estas cosas en voz alta, podía empezar a reconocer que era una locura, pero en ese momento era sólo mi realidad.

La terapia me abrió todo un mundo nuevo de comprensión y terminología: palabras como "narcisista" y "gaslighting" eran nuevas para mí. No tenía ni idea de que el maltrato pudiera tener ese aspecto.

Gracias a la terapia con el Dr. Fabían, comprendí que había sido "gaslighting" y que mi percepción del mundo había cambiado durante esos años en los que intentaba hacer lo imposible: satisfacer a un narcisista.

¿Has pensado por qué una persona permite que se le manipule a través del miedo? La mayoría de las veces no se trata de una decisión consciente. Quizás esta persona ha interiorizado que no podrá conseguir otra pareja o que no es lo suficientemente importante como para ser valorado por alguien más. Sea cual fuere el caso, este tipo de manipulación puede devenir en consecuencias trágicas.

Desde micromachismos hasta la manipulación desde el sexo o desde la opinión, todo tipo de "imposición" debe ser erradicada para el bien común de la pareja. De lo contrario, será un largo camino de reproches e infelicidad.

5. *No soy culpable*.

Desafortunadamente, hay personas que tienen como una regla general en relación a su comportamiento: no soy el culpable. Esto es el resultado de una indiferencia absoluta (consciente o inconsciente) de las palabras, actitudes y reacciones de los demás. Ignorar por completo lo que las personas de nuestro entorno dicen o hacen es su escudo ante eventuales reproches. La actitud de este tipo de manipuladores no termina allí. No conforme con defender hasta lo indefendible que no es culpable, muchas veces termina culpando a los demás por sus propios errores. Ellos intentan transferir el peso a quien esté al alcance. Buscan que te sientas culpable, que te reproches, que te cuestiones tus comportamientos y te responsabilices de sus fracasos. Son, en definitiva, una de las joyas imperdibles de la lista.

Uno de los ejemplos que mejor ilustran este tipo de *actitud* es cuando el manipulador pierde el control de sus acciones por un momento de rabia. Entonces suelen decir algo como: mira lo que he hecho, ¡ha sido tu culpa! Rebatir este tipo de argumento es bastante sencillo, solo que nos dejamos dominar por la situación y callamos. Si se te llegase a presentar una situación así, solo di: no puedes perder el control cuando estés molesto. Son palabras sencillas, sí, pero asesinarán cualquier iniciativa por parte del manipulador.

6. *El niño-adulto.*

Aunque se trate de uno de los tipos más raros de la lista, no deja de ser muy cierto y preocupante a la vez. El manipulador niño-adulto es, usualmente, una persona adulta que es incapaz de tomar responsabilidades y acciones cónsonas con su edad. Estos individuos se aprovechan de padres naturalmente sumisos, que pueden pagar sus cuentas o alimentarle como si se tratase de un niño recién nacido. Los padres, en este caso, se sacrifican, se pluriemplean y hacen hasta lo imposible para que el niño-adulto no tenga que enfrentarse a la dura realidad de la vida.

Esta dinámica supone que los padres acepten que están siendo manipulados solo para mantener a su hijo cerca. Aunque, claro, también puede darse el caso de que no tengan idea de que realmente están siendo manipulados exageradamente por un adulto que se niega a madurar, a enfrentar la realidad y a tomar responsabilidades adecuadas con su edad. Esta es una situación perjudicial en ambos sentidos.

- Para los padres: que no verán mejorada su situación económica o social al no querer desprenderse de su hijo.
- Para el hijo: que no terminará de madurar conforme se mantenga esta manipulación. Hay que agregar el hecho de que los padres, desafortunadamente, no duran para siempre. ¿Qué hará nuestro niño-adulto cuando los padres ya no estén?

7. Manipulación laboral

Me atrevo a afirmar que todos hemos enfrentado una situación en la que nuestro supervisor o algún colega del trabajo nos manipula abiertamente. Esto sucede por muchas razones posibles: un liderazgo de naturaleza tóxica por parte del líder; una sumisión demasiado marcada por parte de la persona manipulada o un excesivo interés por resultar agradable para todos. No obstante, la manipulación mental más frecuente es la que protagoniza el jefe o supervisor. Existen muchas pequeñas actitudes para identificar al manipulador. Por ejemplo, si en lugar de darte una instrucción, pone sobre el tapete la posibilidad de que te ganes un ascenso próximamente, estás siendo manipulado.

También existe la manipulación más "corrosiva". Es aquella en la que el jefe, en lugar de darte retroalimentación para que mejores tu desempeño (si cabe mejorarlo), esboza cada tanto el argumento del despido. Esta táctica busca intimidar a la persona manipulada desde el miedo. Nadie quiere quedarse sin empleo. Y, lo que es peor, nadie quiere ser despedido.

Capítulo 4

Conocimiento de la conducta humana

El comportamiento humano es absolutamente fascinante. Pero, ¿de qué otra forma podía ser? Estamos hablando, por no decir cualquier cosa, de la computadora más compleja y portentosa de la historia que la humanidad haya conocido. La mente humana, que ha sido capaz de crear las siete maravillas del mundo, ha conseguido clonar animales, hacer descubrimientos tan asombrosos como el bosón de Higgs, la relatividad o la física cuántica. Ese mismo órgano que nos dio a los artistas más virtuosos nunca antes vistos (músicos de la talla de Beethoven, escritores como William Shakespeare o pintores como Salvador Dalí). En resumidas cuentas, cuando hablamos de la mente humana, hablamos de un universo entero por descubrir.

Ahora, ¿imaginas la ventaja que podemos extraer del hecho de tener una noción bastante sólida acerca de la conducta humana? Esto nos posicionará varios escalones por encima del resto de personas, tanto en términos profesionales, académicos, sociales o políticos. Independientemente de tu búsqueda personal, conocer la conducta humana es una necesidad cada vez más grande en estos tiempos en que cada paso requiere un cálculo milimétrico y preciso para no caer en trampas de ningún tipo.

Es indispensable entender la importancia de conocer la conducta humana desde un punto de vista del crecimiento y del desarrollo integral como individuo. Pongo un dólar sobre la mesa si, al momento de llegar al punto final de este segmento, no has adquirido una serie de conocimientos más que relevantes para tu desarrollo personal. En lo personal, tengo la seguridad de que así será.

¿Por qué es importante comprender la conducta humana?

Observar a las personas e intentar predecir lo que harán puede proporcionarnos una herramienta de aprendizaje superlativa. Muchas de las personas que hoy son consideradas exitosas saben interpretar el comportamiento humano y, en consecuencia, obtener beneficios para sí mismos. La importancia de comprender la conducta humana pasa por adelantarnos a estas, sacando todo el provecho que sea posible. Esta es una idea que ha atravesado siglos enteros de investigaciones por parte de los especialistas en psicología, psiquiatría y otros estudiosos de la mente humana. Ahora bien, si la mente humana es un mecanismo tan complejo, ¿es realmente posible entender con precisión el comportamiento de las personas?

La respuesta es relativa. Si bien es cierto que no existe una fórmula matemática que nos garantice cuáles serán los movimientos de los demás, sí es posible entender los patrones de conductas para generar una idea mucho más clara y posible de estas. Los líderes del mundo han aprendido a entender esto a la perfección. Por ejemplo, un inversionista que mueve ingentes cantidades de dinero en las bolsas de valores, más allá de sus conocimientos técnicos acerca del mercado, deberá tener un conocimiento mucho más que básico acerca del comportamiento de las personas, para así preparar estrategias y acciones adecuadas que le ayuden a mitigar los riesgos.

Los líderes políticos, o estadísticas, aunque en un espectro totalmente distinto, apelan muchas veces a sus conocimientos para adelantarse a la reacción de la sociedad en relación a determinadas medidas económicas, políticas o sociales. Si no son capaces de hacer esto, es probable que el descontento de las masas se escape de sus manos y, como es de esperarse, las consecuencias sean terriblemente trágicas. Como habrás visto, entender la conducta humana es un factor necesario en términos de reacción, precaución y corrección. De otra manera, sería como nadar en un océano que por naturaleza es impredecible y hostil. La buena noticia es que la mente humana, aunque compleja, tiene patrones de conducta fácilmente reconocibles. Solo debes estar atento a cualquier manifestación que facilite esta lectura.

En este sentido, el científico y escritor B. F. Skinner nos dice, a través de su libro *Ciencia y Conducta Humana*, que:

> La conducta no es una de estas materias a las que es posible acceder solamente con la invención de un instrumento como el telescopio o el microscopio. Todos conocemos miles de hechos acerca de la conducta. Realmente no existe ningún tema con el que estemos más familiarizados, puesto que siempre estamos en presencia de, al menos, un organismo actuante (...) La conducta es un tema difícil, no porque sea inaccesible sino porque es extremadamente complejo. Puesto que se trata de un proceso más que de una cosa, no puede ser retenida fácilmente para observarla. Es cambiante, fluida, se disipa, y por esta razón, exige del científico grandes dosis de inventiva y energía. Pero no hay nada esencialmente insoluble en los problemas que se derivan de este hecho. Se hacen corrientemente varios tipos de afirmaciones acerca de la conducta.

Enfoques para comprender la conducta humana

Es importante, antes de darle continuidad a este capítulo, que entendamos una verdad incuestionable: es imposible entender el comportamiento humano desde procesos mecanicistas. Esto se debe a que nosotros mismos, por poseer una mente, estamos atados a determinados condicionamientos y patrones mentales. Por lo que cualquier intento por entender *con exactitud* la conducta de otra persona, viene aderezada por nuestros programas mentales propios. El escritor Anastasio Ovejero plantea este tema en los siguientes términos:

> Nuestras creencias y expectativas afectan poderosamente la manera en la que percibimos e interpretamos los acontecimientos. Somos prisioneros de nuestros propios patrones de pensamiento. Y todo ello ocurre porque, y esto me parece una de las principales claves explicativas de la conducta humana, nuestras preconcepciones controlan nuestras percepciones, nuestras interpretaciones y hasta nuestros recuerdos.

Sin embargo, es posible entender la conducta humana desde nuestros propios programas mentales. Así, obtener ventaja por medio de la prevención es una opción bastante viable. En la actualidad, existen muchos enfoques que buscan este mismo objetivo. Los más importantes, en términos de efectividad y resonancia, son:

- Enfoque humanista.
- Enfoque cognitivo.
- Enfoque evolucionista.
- Enfoque sociocultural.
- Enfoque biológico.
- Enfoque psicodinámico.

Capítulo 5

Diferencia entre manipulación y persuasión

Independientemente de cuáles son las razones que hacen de nosotros personas vulnerables a ser manipuladas, es importante establecer parámetros para evitar confusiones, en cierto modo razonables, en todo lo relacionado con este tema tan amplio como importante. La verdad es que existen diferencias conceptuales significativas. Sobra decir que el ser humano goza de integridad, de un conjunto de habilidades y destrezas, de un propósito de vida. En este sentido, es imprescindible que aprendamos a identificar factores diferenciadores entre los conceptos aquí evaluados.

En la medida en que sepamos diferenciar entre persuasión y manipulación, seremos más fuertes y más capaces de enfrentarnos a los manipuladores de oficio que se acercan diariamente a nosotros para robarnos nuestra visión y obligarnos a adoptar las suyas. La posibilidad de analizar cada cosa o aspecto con un raciocinio crítico e individual es lo que nos diferencia del resto de mamíferos que pueblan el planeta. Cuando carecemos de este sentido crítico, carecemos de las herramientas para defendernos de un mundo cada vez más fluctuante e imprevisible.

Los mecanismos de afrontamiento, prácticamente no existen para quien está habituado a ser el manipulado en una dinámica de manipulación. Esto supone, a su vez, una escasa preparación para enfrentarnos a las distintas realidades inherentes a la vida. En otras palabras, quien no logra zafarse de la manipulación mental de otras personas, difícilmente consigue buenos resultados en sus búsquedas individuales. Lo cierto es que, cuando somos vulnerables a la manipulación, estaremos atados al deseo de otras personas en lugar de perseguir nuestras metas personales. De allí la importancia de saber reconocer todo cuanto sea posible en lo concerniente a la manipulación mental.

Pero, yendo mucho más allá, no me limitaré a darte conceptos básicos, muchos de los cuales ya te resultan familiares. En este sentido pretendo que aprendas a reconocer las diferencias entre persuasión y manipulación en términos de control mental. De esta manera, podrás fortalecer tu autopercepción y, en consecuencia, dejar de ser presa fácil de todos esos profesionales en el hábito de la manipulación. La esencia, del libro y de este capítulo, es que retomes las riendas de tus decisiones y conductas. Tus objetivos son más importantes que los del resto.

Del libro *El Acoso Moral*, de Marie France Hirigoyen:

> Ejercer una influencia sobre alguien supone conducirlo, sin argumentar, a que decida o se comporte de modo diferente a como lo haría de una forma espontánea. La persona que es el blanco de la influencia no puede consentir libremente a priori. El proceso de influencia se elabora en función de su sensibilidad y de su vulnerabilidad. Y, esencialmente, se lleva a cabo mediante la seducción y la manipulación. Como en cualquier otra manipulación, la primera etapa consiste en hacer creer al interlocutor que es libre, aun cuando se trate de una acción insidiosa que priva de libertad al que se somete a ella.

¿Qué es la persuasión?

Conceptos como persuasión, coerción, manipulación o influencia son, en definitiva, elementos vinculados de todo un universo relacionado con el actuar y el pensar de otras personas. Ahora, ¿tienes una idea clara de lo que significa la palabra persuasión? Se trata, en esencia, de la habilidad de una persona para transmitir una idea y llevar al receptor de acuerdo al mensaje transmitido. Si necesitáramos palabras más sencillas para definir esta herramienta, sería de la siguiente forma: la habilidad de convencer a otros. Parece un buen elemento para incluir dentro de nuestras destrezas comunes, pero, ¿qué tan efectiva es? ¿De qué va esto de la persuasión? ¿Existen reglas para persuadir?

Muchos especialistas consideran la persuasión como una habilidad interpersonal que ayuda en la conexión con los demás. Usualmente, las personas persuasivas son también influyentes, respetadas y apreciadas en ambientes comunes. Por ejemplo, es poco probable que un empresario exitoso no tenga, dentro de su larga lista de caracteres, el de la persuasión. ¿De qué otra manera, si no fue a través de ella, consiguió hacerse nombre y espacio durante los primeros años de su historia como empresario? De manera que la persuasión es necesaria en términos de crecimiento y de relacionamiento social.

Sin embargo, desarrollar esta habilidad requiere de mucha constancia, enfoque y voluntad. Nadie puede convertirse en una persona persuasiva de la noche a la mañana. Esto es, a todas luces, imposible. En cuanto a las reglas, persuadir es como tener una conversación. Así de sencillo es cuando ya se ha desarrollado la destreza. No puedo decirte que existe un decálogo sobre cómo ejercitar la persuasión, pero sí existen las reglas del sentido común. ¿Sentido común?, te preguntarás. Sí. Lo que es poco ético o moralmente cuestionable en la vida, lo será también en la persuasión. Es una línea muy delgada la que separa la manipulación mental de la persuasión, y esa delgada franja está compuesta de ética y respeto por el criterio propio de los demás.

Si tu intención es perfeccionar tu capacidad persuasiva, estos son algunos de los pasos y hábitos que deberás incluir en tu día a día. De esta manera, serás capaz de interrelacionarte con los demás mucho más fluidamente:

- Escucha primero: la persuasión exitosa ocurre cuando puedes ofrecer una solución real a las necesidades de las personas. Sin embargo, no existe forma de captar la necesidad de tu interlocutor si no prestas la debida atención a lo que te dice. Presta mucha atención a lo que te dicen; esta es la clave para procesar la información y ofrecer una respuesta adecuada, cónsona y funcional.

- Confía en ti mismo: del mismo modo en el que un vendedor requiere altas dosis de autoconfianza, el persuasor tiene la necesidad de sentirse bien consigo mismo porque, en caso contrario, no transmitirá su idea de la mejor manera posible. En este aspecto tiene mucho que ver el lenguaje no verbal de las personas, que puede delatarnos en cuestión de segundos. Esto, sobre todo, porque no hace falta ser un especialista en lenguaje corporal para sentir cuándo nos están mintiendo o cuándo intentan coaccionar nuestras decisiones.

- Conoce a tu audiencia, a quien te diriges: es el único camino posible para establecer una conexión sólida con tus interlocutores. Te propongo que pienses ahora en el último simposio al que asististe. ¿Recuerdas al orador? Apuesto a que su dominio del escenario y del tema eran únicos. Esta es la consecuencia de años de práctica. La experiencia en estas lides supone, a su vez, una ventaja importante: conocer la audiencia. Si estás interesado en persuadir a alguien para que tome determinado camino, tendrás que esforzarte mucho en conocer sus motivaciones, sus debilidades y sus temores. No olvides que la información es dinero.

- Respeta al otro: no importa cuánto necesites que la otra persona capte tu mensaje y modifique su forma de pensar sobre determinado tema, si tras varios minutos la respuesta sigue siendo un *no* rotundo, no insistas. Una de las diferencias entre persuasión y manipulación es que esta última es maliciosa, mientras que la persuasión busca cambios sin colonizar la cosmovisión de los demás.

Ventajas de la persuasión

Para que tengas un mapa mucho más completo del tema, creo pertinente mencionarte algunas de las principales ventajas de la persuasión como herramienta diaria. Es importante destacar que la persuasión es, por naturaleza, muy efectiva en términos de transmisión de un mensaje e ideas de diversos tipos. Sin embargo, tal como se mencionó en el segmento anterior, no debe llevarse a cabo en circunstancias que puedan suponer una forma de coacción para el interlocutor. Por ejemplo, no tiene ningún sentido aplicar técnicas de persuasión para alguien que se encuentra en una situación de estrés superlativa, pues esta persona terminará aceptando cualquier condición solo para sentir algo de alivio inmediato.

Estas son las principales ventajas de la persuasión:

- Puedes influir de forma significativa en la cultura de otras personas.
- Puedes representar tus ideas en un marco publicitario.
- Puedes alcanzar a un mayor número de personas en eventos públicos o privados, sin la necesidad de ser buscado por cada uno.
- No irrumpes violentamente en la visión de los demás.
- Es una gran herramienta en carreras como las ventas, el mercadeo, las comunicaciones, la política, entre otras.

¿Manipulación o persuasión?

En vista de lo ya mencionado, cabe la pregunta: ¿manipulación o persuasión? Está claro que ambos enfoques tienen un fin común, pero existen diferencias significativas en torno a la praxis. Por un lado, la persuasión busca convencerte de que la idea del emisor es la mejor, instándote a actuar de acuerdo a esa nueva premisa. Por otro lado, la manipulación busca adentrarse en tu cosmovisión, destruyéndola y, en última instancia, sustituyéndola con la del emisor.

Como puedes darte cuenta, uno de ellos tiene una naturaleza colonizadora mientras que el otro enfoque es, de hecho, conciliador. Las diferencias entre un enfoque y otro son estructurales. Alguien que atropella con su visión personal no puede ser considerado un simple persuasor; en caso contrario, quien busca que cambies tu opinión sobre cierto tema sin pretender una colonización mental, no puede ser llamado manipulador. En todo caso, la diferencia principal y medular radica en la ética. Mientras que uno se abstiene de cruzar esa línea entre lo ético y lo moralmente cuestionable, el otro se aferra a una relación de poder para tomar control de los demás.

Aunque ambos tipos de comunicación buscan un objetivo en común, lo que aquí varía es la forma, el método. El escritor Alejandro Mendoza, en su maravilloso libro *Manipulación y Psicología Oscura*, se refiere a este tema de la siguiente manera:

> Puedes preguntarte; ¿Qué están tratando de hacer los manipuladores? ¿Por qué se esfuerzan tanto en manipular a otros, en lugar de centrarse en mejorar ellos mismos? El hecho es que los manipuladores tienen una profunda necesidad psicológica de controlar a los demás, por lo que buscan "debilitar" a sus víctimas para ganar dominio sobre ellas. Cuando manipulan a otros, intentan cancelar su fuerza de voluntad, destruir su autoestima, buscar venganza pasivo-agresiva contra ellos o confundir su realidad para que se vuelvan más maleables. Veamos cómo y por qué los manipuladores hacen esas cuatro cosas.

De allí la importancia de reconocer cuándo una persona está siendo persuasiva y cuándo trata de manipularte mentalmente. En la medida en que te sientas mucho más cómodo identificando estos patrones, dejarás de ser una presa fácil para quienes pretendan controlar tus decisiones y acciones para beneficio propio.

Como te comenté al principio; este capítulo surge de la necesidad de esclarecer todas las dudas posibles en relación a un tema que se presta a muchas confusiones. A lo largo de mi trayectoria me he topado con personas que, por desconocer las diferencias conceptuales entre un enfoque y el otro, caen en una dinámica de violencia dialéctica y manipulación mental con amigos, colegas y seres queridos. Claro está, una vez interiorizadas las diferencias, y comparadas con sus actitudes, notaron la marcada diferencia entre persuasión y manipulación mental.

Capítulo 6

Manipuladores de la historia

La historia de la humanidad nos ha provisto de una cantidad ingente de personas cuya principal arma ha sido la capacidad de manipular. Desde empresarios, políticos, propagadores de opinión o líderes religiosos. Este tipo de individuos, caracterizados por una mística incuestionable, han contribuido a distorsionar la tranquilidad de las masas desde que el mundo es mundo. Si algo nos ha demostrado la experiencia es que estos individuos, desde sus fortalezas, han conseguido apropiarse de grandes cantidades de personas para sus fines particulares. Si entendemos que la manipulación mental pasa por suprimir el pensamiento crítico de alguien para imponer el nuestro, adquiere especial importancia la participación de personalidades históricas como el líder del movimiento nacionalsocialista, Adolf Hitler como los fundadores de importantes cultos religiosos como la cienciología.

En muchos casos, esta experiencia ha supuesto una verdadera tragedia en la vida de quienes han caído en la manipulación mental de las personas de las que hablare más adelante. El poder colonizador como estrategia de control de las masas, este es el dilema. ¿Te has preguntado por qué cada cierto tiempo la sociedad se deja seducir por un nuevo líder que traslada su visión política o espiritual a niveles insospechados?

Si bien es cierto que cada caso tiene sus razones específicas, el denominador común es siempre el miedo. Por ejemplo, ¿qué motiva el ascenso de Adolf Hitler al poder? Los historiadores han llegado al consenso de que la razón nace del miedo de los alemanes a sentirse una nación débil. Después de todo, aún se encontraban asimilando las terribles consecuencias de haber perdido la primera guerra mundial, por lo que ese discurso con un enfoque nacionalista y esperanzador fue para ellos el bálsamo necesitado.

Lo mismo ocurrió, por ejemplo, en aquellas sociedades que vieron el nacimiento y establecimiento de dogmas religiosos o espirituales. Sobre este tipo de cultos hay mucho por decir; pero, para no entrar en detalles demasiado escabrosos, basta con decir que el surgimiento de estos se debió al miedo a la realidad, a la desesperanza o a la necesidad de las personas por sentirse parte de algo concreto. Independientemente de las circunstancias, el punto focal siempre ha sido el miedo. Si a esto se agrega la mística que desprenden ciertas personas para *hechizar* a las masas, entonces obtenemos un cóctel tan peligroso como impredecible. Conozcamos algunos de los grandes manipuladores de la historia de la humanidad. ¿De qué manera consiguen imponer su visión a los demás?

Joseph Goebbels, el emperador de la propaganda nazi.

Una de las épocas más oscuras en la historia política y social de la humanidad se dio con el ascenso del nacionalsocialismo al poder. Aunque el contexto no permitía adelantarse a un evento de tamaña magnitud, con el paso del tiempo se ha podido comprender en cierto modo la facilidad con la que se dieron tales acontecimientos. Fijémonos en el contexto histórico: una Alemania sacudida, totalmente sumida en una crisis económica, que seguía pagando las consecuencias de haber perdido la primera guerra mundial. En otras palabras: todas las condiciones estaban dadas para que resurgiera una figura mesiánica que prometiera a los alemanes el retorno a la plenitud.

El protagonista de este movimiento fue, sin dudas, Adolf Hitler. Los primeros pasos hacia la conquista política de Alemania fueron dados por Hitler desde una oratoria reaccionaria, provista de todos los elementos requeridos por la situación histórica de su nación, y una mística incuestionable que consiguió adeptos en cada rincón de dicho país. No obstante, cuando se habla de manipulación y control mental, no es Hitler quien sale a relucir, sino Joseph Goebbels. Pero, ¿qué papel desempeñó Goebbels en la estructura política del movimiento nazi? Básicamente fue el padre y emperador de la propaganda nazi, además de desempeñarse como jefe del ministerio de educación popular y propaganda.

Fue a través de su gestión que el partido nacionalsocialista tomó el poder absoluto de las masas. Sus escritos y diarios siguen produciéndose y comercializándose en grandes lotes, pese a representar manifiestos deleznables y de una moralidad a todas luces incuestionable. Algunos de sus principios de propaganda dan cuenta de una capacidad de manipulación superlativa, razón por la que fue considerado uno de los representantes más importantes del movimiento hasta el final de sus días. Estos son algunos de los principios de propaganda que Goebbels promulgó durante su portentosa gestión en el nazismo:

- Principio de la orquestación: "La propaganda debe limitarse a un número pequeño de ideas y repetirlas incansablemente, presentadas una y otra vez desde diferentes perspectivas, pero siempre convergiendo sobre el mismo concepto. Sin fisuras ni dudas". De aquí viene también la famosa frase: "Si una mentira se repite suficientemente, acaba por convertirse en verdad".

- Principio de la transfusión: "Por regla general la propaganda opera siempre a partir de un sustrato preexistente, ya sea una mitología nacional o un complejo de odios y prejuicios tradicionales; se trata de difundir argumentos que puedan arraigar en actitudes primitivas".

- Principio de la unanimidad: "Llegar a convencer a mucha gente que se piensa "como todo el mundo", creando impresión de unanimidad".

- Principio de la simplificación y del enemigo único: "Adoptar una única idea, un único símbolo; individualizar al adversario en un único enemigo".

- Principio de la vulgarización: "Toda propaganda debe ser popular, adaptando su nivel al menos inteligente de los individuos a los que va dirigida. Cuanto más grande sea la masa a convencer, más pequeño ha de ser el esfuerzo mental a realizar. La capacidad receptiva de las masas es limitada y su comprensión escasa; además, tienen gran facilidad para olvidar".

Los métodos propagandísticos de Goebbels no solo han sido ampliamente difundidos; en muchos casos se ha aseverado que algunos líderes políticos, en su necesidad de calar en las masas, han optado por ejercer algunos de sus principios de manipulación mental. En todo caso, se trata de uno de los casos más representativos de cómo alguien puede orientar todos sus conocimientos para destruir el criterio propio de las personas y sustituirlos con una cosmovisión ajena. Goebbels basó la transmisión de sus ideas en un elemento clave: su oratoria. Brunhilde Pomsel, quien fuera su secretaria, hace referencia a esta habilidad tras presenciar su discurso "Guerra Total". El siguiente fragmento ha sido extraído de su biografía, que lleva por título *Mi Vida con Goebbels*:

> Nada más sentarnos empezó la función. Detrás teníamos a la señora Goebbels con dos de sus hijos y, a ambos lados, a varios hombres de las SS. Podría decirse

que era la tribuna de la élite. Primero sonó algo de música, una marcha militar al uso, con coro y toda la parafernalia. Y luego salió Goebbels y soltó su discurso. Era un orador buenísimo, muy convincente, pero aquel discurso fue un verdadero arrebato, un arrebato de locura. Como si dijera: por mí podéis hacer lo que os dé la gana. Y entonces, como si una avispa hubiera picado a cada uno de los oyentes, el público se volvió loco y empezó a gritar y patalear. Se hubieran arrancado los brazos encantados. El estruendo fue insoportable.

Jim Jones, líder espiritual.

El reverendo Jim Jones fue un carismático líder profundamente preocupado por la búsqueda de una justicia social. Esta es, digamos, la versión resumida de uno de los hombres más manipuladores jamás conocidos en la historia. Cuando se busca entender la resonancia de su culto encontramos muchas posibles razones. Sin embargo, la más lógica se debe a la extravagante naturaleza de su ideario, que se caracterizó por ser un híbrido entre la filosofía cristiana y los principios socialistas. Hoy en día pueden hacerse muchas conjeturas sobre este reverendo oriundo de Indiana, no obstante, todas las posibles interpretaciones que llegaron con su trágico desenlace no aclaran nada. Todo lo contrario, contribuyen a robustecer la mística en torno a su existencia.

Pues bien, ¿qué otro detalle se sabe sobre este líder religioso? Existen muchos libros, reportajes y crónicas que buscan arrojar luces sobre su endiosada imagen. De hecho, hay tanto material y evidencia documentada sobre su estilo de vida como de cualquier otra estrella de la cultura popular. Se dice, por ejemplo, que Jim Jones era un hombre muy vanidoso, que tenía ayudantes que arreglaban su cabello y guardaespaldas que le acompañaban a todos lados con maletines repletos de instrumentos estéticos como secadores de pelo y equipos de maquillaje.

¿Qué se ha descubierto sobre los inicios de este carismático líder religioso? En primer lugar, que fue el único hijo de una familia que luchaba con la pobreza en un pequeño pueblo de Indiana.

Se trató, desde luego, de una familia signada por la soledad. Su padre, que participó en la primera guerra mundial, regresó de esta con una marcada discapacidad pulmonar. Además, durante los años siguientes fue simpatizante del Ku Klux Klan. Esto nos permite ir formando una idea del ambiente familiar que acompañó a Jim Jones durante los primeros años de su formación. Desde muy pequeño, sintió afinidad por la iglesia. Sin embargo, también era capaz de mostrar un humor tan fuerte como el de su padre.

Uno de los vecinos de la familia durante aquellos años, diría tiempo después lo siguiente:

> Era capaz de predicar un buen sermón. Recuerdo estar trabajando a unos cincuenta metros de la casa de Jones. Él tenía allí a unos diez niños a quienes hacía poner en fila y marcar el paso. Él los golpeaba con un bastón y ellos gritaban y lloraban (...) Solía preguntarme: ¿qué sucede con estos niños que le soportan todos sus caprichos? Pero ellos, al día siguiente, volvían a jugar con él. Él tenía una especie de magnetismo (...) Yo le decía a mi esposa que él iba a hacer mucho bien, o terminaría convertido en un Hitler.

Los recovecos de su formación idealista son tan enrevesados que apenas se ha podido establecer una línea medianamente lógica sobre estos saltos. Se sabe, gracias a su esposa, que para el año 1949 Jim Jones era un comunista. Confesó que se declaraba maoísta, aunque también simpatizaba con la retórica de Stalin. Hablaba de su idea como "socialismo religioso". Estos virajes en sus ideales, a priori, pueden ser considerados como una bomba de tiempo. Sin embargo, en aquel tiempo, se trataba de un joven evangelista que coqueteaba con la iglesia metodista y otras derivadas. Finalmente, no era más que el fundador de una pequeña iglesia de carácter evangélica, llamada El templo del pueblo.

Su carisma y sus energéticas arengas terminaron por suponerle una potencia mediática incomparable. Su iglesia crecía a pasos agigantados; el pobre Jim Jones ahora ostentaba lujosos, impecables trajes y vehículos de último modelo. Lo curioso es que, nadie encontró irónicos estos cambios tan drásticos. Estaban, por decirlo de alguna manera, enceguecidos por la verborrea de un líder que se adjudicaba milagros, poderes premonitorios y una idea única como la del socialismo religioso.

Seguramente te estarás preguntando por qué es que un reverendo, criado en la pobreza, es considerado como uno de los grandes manipuladores en la historia de la humanidad. Bien, la respuesta puede ser dicha de muchas formas, pero me limitaré a darte un número. Un simple número que te ayudará a formarte una idea sobre lo que te digo: 914. Este fue el número de personas que fallecieron en lo que hoy se sigue considerando el suicidio masivo más importante de la historia.

Cuando el reverendo Jones era la estrella del rock de los líderes religiosos, también se vio acosado. Los críticos se hacían masa, cuestionaban, reprochaban sus excentricidades. Le pusieron entre la espada y la pared. El 9 de diciembre de 1973, la primera comisión de La iglesia del templo llegó a Guyana, un pequeño pueblo en América del sur, atraídos por las facilidades ofrecidas por el gobierno del país y por la posibilidad de empezar de cero en nuevas latitudes. Con el tiempo, y tras una ardua labor por parte de Jones y sus emisarios, nació Jonestown: el principio del fin. Hubo procesos judiciales, escépticos e investigaciones de todo tipo. Y aunque la sede administrativa de la iglesia continuaba en San Francisco, el número de adeptos en Guyana adquiría proporciones bíblicas.

Los acólitos pronto sintieron las durezas del clima, además de las prolongadas y exhaustivas jornadas laborales a las que se veían obligados para darle continuidad al magno proyecto ideado por el reverendo. Adicionalmente, salieron a la luz testimonios sobre abusos sexuales y castigos físicos. Mientras tanto, los familiares de los adeptos que habían partido iniciaron una serie de protestas donde le exigían al gobierno norteamericano prestar ayuda a sus connacionales en tierras extranjeras. El imperio de Jones, en su nacimiento, empezaba a dar muestras de desesperación.

Tras varias semanas de protestas, una expedición norteamericana llegó a la ciudad del líder. Esta expedición sería liderada por un senador, asistentes y algunos periodistas de la cadena NBC. El encuentro transcurrió con sorpresiva naturalidad. Cuando algunos de los adeptos se dispusieron al entrar al avión para regresar a casa, el senador y sus acompañantes fueron ametrallados. Algunos murieron. Este fue el catalizador para que Jones diera inicio a su plan apocalíptico. Reunió a sus seguidores, convenciéndoles de que los norteamericanos pronto regresarían para matarlos a todos.

La solución propuesta por el magnánimo Jim Jones fue, como era de esperarse, el suicidio colectivo. El arma a utilizar: una mezcla entre arsénico, tranquilizante y una bebida azucarada. El cóctel mortal fue dado primero a los niños y luego a los adultos. Fue así como un manipulador de masas, de carácter religioso, dio a la humanidad el peor suicidio masivo de su historia, con un total de 914 fallecidos.

Charlie Manson, una mente maestra de la manipulación.

Cuando se habla de manipulación mental, difícilmente podemos excluir uno de los casos más emblemáticos y aterradores de la historia contemporánea reciente. Se trata de Charles Manson, quien para muchos sigue siendo, hoy en día, un ejemplo bastante ilustrativo de cuán peligroso puede ser alguien cuando sabe cómo meterse en la mente de las personas y tomar el control de sus acciones. Este individuo, oriundo de un pequeño pueblo en Cincinnati (Estados Unidos), entró en los canales de la historia como uno de los asesinos seriales más temerarios de todos los tiempos. Sin embargo, en términos cuantitativos, su monstruosa lista de crímenes queda pequeña en comparación con criminales de la talla de Ted Bundy (36 víctimas), John Wayne Gacy, "Pogo el payaso" (33) o Vasili Komaroff (33). Dicho esto, ¿qué ha provocado que la fama de Manson haya trascendido hasta apoderarse de casi la totalidad de la cultura popular? Según algunos, su encanto.

Criado en un ambiente familiar hostil, plagado de violencia y abusos, Charles Manson es un claro ejemplo de cómo alguien asimila las duras condiciones de sus primeros años en el desarrollo de una personalidad sociópata y criminal. Todos los testimonios que buscan crear un perfil del pequeño Charles hacen referencia a características habitualmente presentes en manipuladores de alto nivel: encantador, tiránico, mentiroso compulsivo y violento. Con tan solo 12 años se inauguró en el mundo del crimen tras robar dinero en una tienda de comestibles. A partir de este momento, la curva no paró de ascender.

Su capacidad de engaño y manipulación ha resistido la prueba del tiempo. La conformación de esa secta llamada "La familia" marcó un antes y un después en el mundo del espectáculo, principalmente luego de ejecutada una de las masacres más terribles en la historia del cine: el asesinato de la actriz en ascenso Sharon Tate, su bebé nonato y otras cuatro personas que se encontraban de visita. Si bien es cierto que Charles Manson no fue el responsable material de la masacre, ha quedado claro que los asesinos actuaron desde la manipulación a la que fueron sometidos por su líder.

A medida que salen a la luz nuevos detalles sobre la vida de Manson hasta ese cruento 9 de agosto, comprendemos que este manipulador se vio golpeado por una serie de acontecimientos que terminaron por forjar en él una total desidia por la vida de los demás. Su frustrado intento por iniciarse en la industria musical, por ejemplo, es una de las razones más citadas por quienes buscan justificar las acciones de este individuo. Lo que sí no está sujeto a interpretación alguna es su capacidad para manipular las mentes de las personas, a quienes termina convirtiendo en acólitos de su culto personal.

Su indiscutible fuerza manipuladora es retratada con gran precisión en la obra *Manson, retrato de una familia*, de los autores Vincent Bugliosi y Curt Gentry:

> Este hombre sacó a la superficie sus odios latentes, su tendencia innata a la violencia sádica, centrándola en un común enemigo: la sociedad establecida. Despersonalizó a las víctimas, convirtiéndolas en símbolos. Y es más fácil clavarle un puñal a un símbolo que a una persona. Enseñó a sus discípulos una filosofía completamente amoral, que les daba total justificación a sus actos. Si todo está bien, entonces nada puede ser malo. Si nada es real y toda la vida es un juego, entonces nadie debe arrepentirse de nada.

Su poder de manipulación ha sido tal que incluso después de aprehendido, con una de las sentencias más duras del sistema penitenciario norteamericano, sigue acumulando adeptos que le ven como una especie de guía espiritual sobre la cual volcar todas sus discrepancias con la forma en que ha sido construido el mundo y su sociedad. Mucho tiene que ver, desde luego, la fragilidad de estas personas. Está claro que quien haya sido formado con el criterio propio como prioridad, difícilmente caiga en las garras de estos manipuladores expertos. Sin embargo, siempre existe la posibilidad (sobre todo cuando se alinean circunstancias puntuales) de que una persona termine sustituyendo inconscientemente su visión del mundo para adoptar la de estos expertos en el control mental.

Capítulo 7

Ejemplos de casos de manipulación.

La manipulación mental puede traer consecuencias trágicas para quien la sufre y, en menor probabilidad, para quien la ejerce. Está claro que todas las personas sobre la faz de la tierra somos propensos a ser manipulados mentalmente por alguien más. Siempre he creído que los ejemplos tienen una potencialidad didáctica increíble. Muchas de los aprendizajes más importantes que he obtenido en mi vida han surgido a través de ejemplos prácticos. Después de todo, seguro recuerdas eso de que la práctica hace al maestro.

La familia Manson es, en efecto, uno de los ejemplos más representativos de cuán corrosiva puede ser la presencia de un manipulador en la vida (principalmente) de individuos con una tendencia casi patológica a dejarse manipular, a ceder el control de sus vidas en aras de un líder supremo que oriente todos y cada uno de sus pasos. Sin embargo, con cada minuto que transcurre la vida de alguien se ve socavada por un maestro de la manipulación. No todas estas vidas llegan a la gran pantalla, como el caso del asesino en serie norteamericano, pero no por ello carecen de importancia en términos de aprendizaje y conocimiento.

También se dice que nadie aprende en cabeza ajena; en otras palabras, necesitamos vivir la experiencia para sacar un aprendizaje que se sostenga en el tiempo. Me permito discrepar sobre este asunto. Si tienes la posibilidad de cuidar tu salud, de dejar de fumar (por citar un ejemplo universal), estás obteniendo una victoria a priori. No necesitarás de varias sesiones de radioterapia o quimioterapia para entender que el cigarrillo es nocivo para tu salud. Debemos entender la importancia de cuidar nuestros patrones mentales y, finalmente, exponer algunos casos singulares de cómo una vida se puede destruir por medio de un extenuante proceso de manipulación mental.

La importancia de los patrones mentales

No te diré que si descuidas tus patrones mentales terminarás como uno de los tantos acólitos de Charles Manson o del reverendo Jim Jones, porque cada cabeza es un mundo; sin embargo, sí considero relevante que aceptes, asimiles y gestiones tus patrones mentales como si estos se tratasen de pequeñas perlas preciosas que requieren tu constante cuidado. No olvides que estos patrones mentales, muchas veces, son obstáculos que nos impiden crecer. De manera que, ¿qué sentido tiene alimentar pensamientos limitantes o ideas improductivas?

Un alto porcentaje de lo que alcanzamos en la vida es el reflejo del orden en que tenemos nuestra mente. Si tienes una relación distorsionada con el dinero, difícilmente consigas atraer abundancia a tu vida o generar riquezas por encima de lo esperado. Este es solo un ejemplo de cómo tu estructura de pensamientos tiene implicaciones palpables en lo que somos y lo que logramos como individuos.

¿Quieres alcanzar la cima? ¿Quieres ser reconocido por tus ideas innovadoras y rompedoras? ¿Quieres ser el primer hombre en visitar, no Marte sino Júpiter? Sea cual fuere tu propósito de vida, necesitarás todos los aliados que puedas. De entre todas las posibles alianzas que tendrás, la más importante radica en tu cerebro, en tu mente y en tus programaciones mentales. Los hábitos, en este sentido, son el resultado de dichos programas.

Alguien que está habituado con despertar tarde o con posponer actividades, no llegará a ningún buen lugar como destino. Pero, si ese alguien cuida constantemente lo que sucede en sus conexiones neuronales, sabrá sustituir estas prácticas negativas por otras que representen una mayor productividad y opciones de éxito. En resumidas cuentas, eres el protagonista de tu historia de éxito. Solo debes lustrar tus armas y darles el sentido adecuado a tus pensamientos. Es posible, créeme.

3 casos de manipulación

Al margen de los rimbombantes casos expuestos en el capítulo anterior, donde tomé como base eventos desafortunados que marcaron la vida de muchas personas, en esta oportunidad te traigo tres casos de manipulación que se encuentran en el día a día. El hecho de que estos ejemplos no tengan la repercusión mediática que puede tener, por ejemplo, el líder de la propaganda nazi, no significa que carezcan de un valor a todas luces, trascendental.

El síndrome de Estocolmo.

El síndrome de Estocolmo se ha vuelto un cliché en los programas televisivos que giran en torno a investigaciones criminales. En el caso de que desconozcas de qué va esta patología, se trata de la conexión psicológico-emocional que desarrolla una víctima de secuestro para con su secuestrador. La víctima desarrolla esta conexión por razones varias, pero en la mayoría de los casos es la consecuencia directa de una suma de factores como el miedo, la dependencia vital y emocional de su secuestrador y el efecto de la experiencia traumática. Es comprensible que una vivencia de estas características genere cambios emocionales importantes en nosotros, de manera que la víctima del síndrome de Estocolmo termina, dado el caso, sintiendo una fuerte conexión con su secuestrador.

El idealismo radical.

Durante los años previos y posteriores a la segunda guerra mundial, el globo entero se vio polarizado por una dicotomía que persistiría varias décadas después: capitalismo o comunismo. Esas eran, al parecer, las únicas dos opciones posibles en un mundo que se debatía en los monstruosos pantanos de una gran guerra que amenazaba con destruir el planeta entero. Hoy en día, el idealismo radical sigue siendo un desafío en términos de riesgo civil y comprensión de la conducta humana. Este problema, que parecía menguado, revivió con la llegada de ISIS y sus propagandas islamistas. Sobra decir que el extremismo radical propagado por el Estado Islámico no se corresponde con los valores de esa cultura, sin embargo, ha servido como arma para diseminar el caos y el dolor por el Oriente medio.

Dependencia emocional.

Desafortunadamente, todos conocemos a alguien que ha sufrido un doloroso proceso de divorcio. La separación romántica de una pareja es el caldo de cultivo ideal para que afloren todas las características propias de una dependencia emocional. Quien se ha apegado demasiado a su otra parte, por decirlo de alguna manera, termina por creer que es incapaz de conseguir a alguien más o de ser amado como lo fue hasta entonces. Las inseguridades están a flor de piel y todas las asociaciones impiden ver el panorama desde una perspectiva más realista. La dependencia emocional es uno de los ejemplos clásicos de manipulación mental más frecuentes en la historia.

Capítulo 8

Manipulación emocional

Como se explicó algunos segmentos atrás, la manipulación emocional es el tipo de manipulación más común en la actualidad. Y, como elemento preocupante, se trata de un tipo de control mental política y socialmente "mejor aceptado" que las otras opciones. Es increíble con qué facilidad podemos perdernos en esas dinámicas de violencia y colonización mental. Por ello encuentro indispensable abordar el tema, explicando algunos aspectos que considero neurálgicos en el tema de la manipulación emocional y cómo esta puede afectar significativamente nuestra noción de la realidad, nuestras capacidades objetivas e incluso nuestras expectativas como individuos.

Mucho se dice que lo que sucede en una pareja solo es asunto de los involucrados, y de cierta manera es así, por ello me he propuesto enseñarte todo lo que necesites para desarrollar una autoconfianza y un criterio propio lo suficientemente sólidos, que sirvan como una gran muralla frente a los maltratos y daños que supone una manipulación emocional. Es importante entender que, en la medida en que nos desprendamos de nuestra racionalidad crítica para darle paso a la visión de alguien más, perdemos todas las posibilidades de alcanzar nuestros sueños, de ser personas totalmente plenas y felices. Dicho esto, ¿tiene sentido prestarse a un juego en el que no ganas nada y, por el contrario, puedes perderlo todo?

Ofrecer herramientas y recomendaciones precisas es una necesidad para quienes se encuentren atrapados en esta situación. Es por ello que he decidido estructurar el contenido en estos tres puntos son:

- ¿Qué es la manipulación mental?
- Señales para advertir que estás siendo manipulado.
- Técnicas para romper con la manipulación emocional.

Estos tres puntos focales representan, en mi opinión, la base más sólida para entender, identificar y, sobre todo, liberarte de cualquier caso de manipulación emocional en tu vida. Sin embargo, mucho tiene que ver la autopercepción. Sin ella, sin una autoconfianza sólida y desarrollada en los mejores términos, abandonar esta jaula de miedos resultará una tarea verdaderamente desafiante. No hay que olvidar la razón principal (no la única, desde luego) por la que terminamos cayendo en dinámicas de manipulación en el marco de una relación sentimental, siendo esta romántica o general: el miedo o la inseguridad. En la medida en que nos sintamos mejor con nosotros mismos, aceptando lo que somos con humildad y transparencia, seremos presas más difíciles de encerrar en esa celda sin barrotes que muchos llaman manipulación emocional.

¿En qué consiste la manipulación emocional?

Para empezar, es importante entender todo lo concerniente a la expresión "manipulación emocional". Aunque en líneas generales, no se diferencia de los otros tipos de manipulación (donde alguien busca obtener control o poder sobre ti mediante el uso de tácticas engañosas), este derivado del control mental se presenta en un contexto que involucra una fuerte carga sentimental. Es muy común encontrar este tipo de manipulaciones en las parejas románticas donde uno de los partícipes entiende la misma desde una estructura de inequidad en cuanto al poder. Sí, casi todas las discrepancias que conseguimos en el día a día surgen de una relación de poder poco equilibrada.

Por ejemplo, si un hombre (esposo, novio o pareja romántica) apela constantemente a la minimización de su pareja, bien sea en términos intelectuales, económicos o sociales, se va fortaleciendo un mapa común en el que la persona "atacada" no se siente capaz de enfrentar la realidad del mundo desde su criterio propio. Esto tiene mucho sentido si se tiene en cuenta que frecuentemente sus criterios personales se ven cuestionados por su acompañante. Si ese alguien ha establecido una especie de mantra entre ambos, condiciona el accionar de su contraparte. En otras palabras: los manipuladores minimizan la capacidad de los demás porque, de esta manera, pavimentan el camino para que sus opiniones y acciones sean las más "importantes" o "prudentes" al momento de tomar decisiones comunes. Existen otros tipos de manipulación, como la evasión, la intimidación encubierta, la difamación, entre muchas otras.

La manipulación emocional es una realidad mucho más común de lo que pensamos. Implica, entre otras cosas, una dinámica no violenta (en términos físicos y superficiales) de "posesión" o "colonización" del otro. Algunos de los manipuladores más expertos optan por crear un marco emocional adecuado en el que te sientas bien. Ganarán tu confianza, te harán sentir protegido, en paz, tranquilo, pero esto es solo una estratagema para ir ganando terreno y poder sobre ti. Sí, sé lo que estás pensando, es un estilo muy sutil y difícil de identificar, pero también te lastima y bloquea tus posibilidades de ser una persona plena y feliz.

Cuando conoces a alguien que siempre fue jovial y esta persona cambia de la noche a la mañana tras meterse en una relación sentimental con alguien más, es posible que se encuentre atrapada en una especie de manipulación emocional. Contrario a otros tipos de manipulación más hostiles, esta se caracteriza por funcionar progresivamente, como un golpe suave. De allí que nos cueste tanto identificarla cuando se presenta en nuestras vidas. Lo importante, en estos casos, es constituir un núcleo fuerte de autoconfianza y autovalidación para que los manipuladores emocionales encuentren una coraza impenetrable que no se debilita con condicionamiento alguno.

Señales para advertir que estás siendo manipulado

La parte más difícil de ser manipulado emocionalmente es que a menudo no nos damos cuenta de que esto está pasando. Pasa tan gradualmente que muchas veces no somos capaces de advertir que algo malo sucede con nosotros. Piensa, por ejemplo, en que te encuentras saliendo con una persona que es diametralmente opuesta a ti en términos de personalidad y expectativas a futuro. Al principio no te molestará hacer pequeños cambios en ti para agradarle. Realmente te gusta mucho esta persona y temes perderla por no hacer un pequeño e insustancial sacrificio. Pero la verdad, es que todos los cambios que incluyamos en nosotros deben tener una razón de ser genuina y no forzada. Esta es la principal diferencia entre cambiar por ti mismo y cambiar por no perder el cariño de alguien más.

La buena noticia es que existen una serie de señales que te ayudarán a entender que estás siendo manipulado emocionalmente. Uno de los errores que se repiten con mayor frecuencia es creer que todas las manipulaciones pasan por procesos agresivos e identificables. Pero la verdad es que, cuando se trata de manipulación emocional, difícilmente logramos discernir lo que ocurre si no tenemos una idea bien establecida de qué significa ser manipulado. Recuerda que los manipuladores son expertos al momento de torcer criterios y pensamientos a su favor. De manera que todas las herramientas que puedas aplicar para no caer en estas dinámicas son totalmente válidas. A continuación, algunas señales inequívocas que te facilitarán este diagnóstico.

Te sientes culpable.

La manipulación tiene su comienzo en la culpa. Es una característica inherente a la pérdida del importantísimo criterio propio. Los manipuladores son capaces de torcer tus emociones de tal manera que, antes de que te des cuenta, te sentirás culpable por algo en lo que probablemente no tengas responsabilidad alguna. Existen muchas torsiones del lenguaje, en esto son expertos los que manipulan desde la emocionalidad. Por ejemplo: "sí, la cena estuvo bien. Habría preferido que prepararas pizza, o algo diferente. Supongo que lo importante es que seas feliz y satisfecha y puedo sacrificarme si así consigo que estés bien". Claramente, aquí el manipulador le ha dado un giro de tuerca a un comentario inocuo para inocular una fuerte dosis de manipulación emocional. Debes ser muy cuidadoso con el lenguaje de los demás.

Le das prioridad a sus inseguridades.

Si algo sabe hacer un manipulador es proyectar sus propias inseguridades en nosotros. De esta manera consiguen medir nuestra reacción cuando escuchamos sobre estas inseguridades ajenas, al tiempo que evalúan si somos capaces de anteponer estas inseguridades a las propias. A partir de este momento, no solo cargamos con el peso de nuestras taras emocionales sino con el de las de ellos. Por ejemplo: "he sufrido mucho en el pasado. Me han engañado muchas veces y eso ha sido muy difícil de superar para mí, por eso preferiría que no tengas amigos del sexo opuesto". Está claro que se trata de un ejemplo basado en una pareja romántica heterosexual, pero aplica en todos los casos posibles.

Dudas de ti mismo.

Para el manipulador es fácil hacerlo porque se mueve dentro de su propia esencia. Para llegar a este punto, te lavan el cerebro de tal manera que empiezas a dudar de ti mismo. Cuestionas tus capacidades, tu empatía, tu forma de querer y tu emocionalidad. Una vez que empiezas a reprocharte tus acciones (porque con ellas "lastimas" al otro), entonces ya estás atrapada en la cárcel de la manipulación emocional. Es importante entender que, si te encuentres en un punto de tu vida en que cuestionas cada acción o decisión, debes romper inmediatamente con estas dinámicas de manipulación. Conforme dudas de ti mismo, el manipulador tomará tus inseguridades y las usará contra ti para sacar todo el provecho que le sea posible.

Cambias tus planes de vida

No existe señal más definitoria de que alguien está siendo manipulado emocionalmente que un cambio drástico en los planes de vida de esta persona. Seguramente estás pensando en ese viejo amigo que cambió radicalmente sus expectativas y planes desde el momento en que inició una relación amorosa. Esto sucede tan comúnmente que propicia toda clase de autoengaños. Si antes querías vivir un tiempo, por ejemplo, en Montevideo, pero ahora has alineado esta visión con la de un nuevo amigo o pareja, entonces has sido manipulado. Autoengaños como "es que, haciendo cálculos, creo que es más conveniente irnos a vivir a Ciudad de México" no te servirán de nada. Todo lo contrario: refuerzas una estructura de pensamiento que es forzada por la posibilidad de perder a esa persona.

Tácticas para protegerte de los manipuladores

Si tras leer las señales mencionadas anteriormente, has llegado a la conclusión de que te están manipulando, no te preocupes y ocúpate de tu bienestar. La buena noticia es que puedes protegerte de los manipuladores. Independientemente de cuán arraigadas se encuentren ciertas señales de manipulación emocional, existe la posibilidad de retomar el control de tu vida, robustecer tu criterio propio y detener a quien te ha cercado tras los gruesos muros de la manipulación.

Un estudiante cercano de casa me contaba:

"Yo participaba activamente en clase. Al ser la presidenta de nuestra sección, me asignaron la tarea de cuidar a una estudiante que empezó sus estudios con un mes de retraso por motivos personales. Le enseñé el nuevo horario de clases, los nombres de nuestros profesores, le presté mis apuntes y folletos. Sin que me diera cuenta, se encariñó demasiado, o más bien se volvió posesiva.

Se ponía celosa cada vez que hablaba con mis otros compañeros de clase con alegría. Encontrando defectos en sus caracteres, me convencía de que no era bueno unirse a esos círculos.

Me decía que no fuera "demasiado bueno" en la participación en clase. Decía que nunca tenía la oportunidad de responder a las preguntas de nuestros profesores porque levantaba la mano para contestar 'demasiado rápido' y había veces que le 'robaba' la idea.

Intenté distanciarme, pero ella se enfrentaba a mí, llorando, preguntándome qué había cometido para que yo me enojara. Le expliqué que tengo otros amigos y que también tengo que estar con ellos. Ella no se lo creyó, desafiándome a que si soy un buen amigo, tengo que estar con ella en todo momento.

Después de esa conversación, me quedé con ella.

Al estar harto de su posesividad, intenté hablar con ella sobre el tema. Se enfureció: "Lo sabía, no eres mi verdadera amiga". Con calma, le dije que era lo contrario. Ella no me escuchó y no me habló desde entonces.

Pocos días después, me sentí culpable, "tal vez me pasé de la raya". Así que le pedí disculpas y la seguí, de nuevo. Incluso le dejé copiar mi examen, mis pruebas y mis deberes. Y le hice algunos de sus análisis e informes. No puedo creer que haya hecho todo eso por ella.

Menos mal que mis compañeros me abrieron los ojos. Nunca volví a hablar con ella."

Todas las tácticas que conocerás a continuación representan soluciones sencillas y prácticas para afrontar de la mejor manera a tus manipuladores. ¿Estás preparado?

Registra lo conversado

Sí, sé que suena poco ortodoxo eso de escribir en una libreta o en alguna aplicación móvil todo lo que se conversa con nuestra pareja o con ese amigo que creemos, podría estar manipulándonos. La verdad es que no deberías llegar a este punto en ningún momento, pero cuando tenemos la certeza de que nos manipulan, es imprescindible tomar acciones específicas y correctivas al respecto. Ten en cuenta que los manipuladores tienen una habilidad excepcional: tuercen el lenguaje, te hacen dudar de ti mismo, de tu memoria. No importa cuán seguro estés de haber tenido tal o cual conversación, ellos insistirán en que no fue así. Es por esta razón que te recomiendo que escribas lo dicho durante las conversaciones; de esta manera cierras el grifo de sus mentiras, impidiéndole que controle tus emociones desde la inseguridad.

Aléjate

En este caso es imprescindible que pongas toda tu fuerza de voluntad en alejarte. Para algunas personas se vuelve especialmente desafiante mantenerse alejado de aquellos que han construido una celda cuyos barrotes provienen de la manipulación emocional, sin embargo, es una de las soluciones más efectivas en términos de crecimiento y liberación. Si no te sientes del todo cómodo en una relación, bien sea romántica o de amistad, lo más sano es que te alejes significativamente. De esta manera, te permites respirar un oxígeno más optimista. Esta es una táctica que te llevará a reencontrarte contigo mismo, a aceptar tus inseguridades (solo las tuyas) y a reconectar con tus planes de vida, fuera de lo que otros esperen de ti.

Enfréntalo

Una de las cosas que más aprovechan los manipuladores es la capacidad casi nula de sus víctimas de enfrentarles. Si bien es cierto que, en estos casos, tienen la habilidad suficiente para dar un giro radical, el factor sorpresa adquiere especial importancia. Defiéndete, hazle saber que existen ciertas conductas y comportamientos que te hacen sentir incómodo. Te sugiero que no esperes una reacción madura, pues esto significa que se reestablece la relación de poder, y ellos no se lo permitirían. Cuando te enfrentes a tu manipulador, establece planes de acción alternativos, planifica tus respuestas y reacciones. En la medida en que dejes cabos sueltos, las posibilidades de caer nuevamente en su juego se incrementan de forma significativa. En todo momento debes recordar que la finalidad es retomar el poder de tu vida y de tus decisiones. Cualquier otra conclusión puede y debe ser considerada una derrota.

Medita mucho

La meditación es uno de los ejercicios más contundentes en cuanto a la reconexión con nosotros mismos y nuestras emociones. Incluye pequeñas rutinas de meditación en tu vida diaria. Puedes dedicar 5 o 10 minutos durante las primeras horas del día para ubicarte en un ambiente relajante, cerrar los ojos o escuchar tu música favorita. Así, cuando prestas toda la atención posible a tus pensamientos, remarcas el camino de tus emociones. Piensa en lo que quieres alcanzar, en tu propósito de vida, en tus inseguridades, en tus fortalezas y en aquello que puedes mejorar. La idea de este ejercicio es que te hagas consciente de que solo tú eres el centro de tu propia existencia. Así restas poder a las inseguridades de los otros, pues te posicionas como núcleo de cada una de tus acciones y decisiones.

Capítulo 9

Dependencia emocional

Para nadie es un secreto que la dependencia emocional es un factor a tener en clara consideración al momento de analizar nuestra estabilidad y crecimiento en distintos sentidos. De allí la importancia de dedicar un capítulo entero a este estadio de la manipulación que pone en jaque nuestra felicidad y plenitud como individuos. Esta es la palabra clave para entender la relevancia del tema: felicidad. En la medida en que nuestra felicidad depende de agentes externos, nos exponemos de sobremanera a ser manipulados por estos. Si bien es cierto que esto puede ocurrir consciente o inconscientemente, la verdad es que debe evitarse a toda costa el caer en una dinámica de la que no se saca más que sufrimiento y dolor.

Con todo esto, pretendo ayudarte a entender cuán peligroso es depender emocionalmente de otras personas. Así mismo, me permito ofrecerte algunas herramientas y recomendaciones para protegerte a ti mismo cuanto sea posible. Vivimos en un mundo donde las relaciones personales son a menudo complejas y desafiantes, sin embargo, esto no significa que debamos vivir un infierno en aras de "finales felices". Vale decir que, como se dice a lo largo de este proyecto, la solución a los distintos tipos de manipulación o dependencia se encuentra en nosotros mismos. Esta es una buena noticia porque no dependemos de nadie más que de nuestra autopercepción para soltarnos de las amarras que supone ser engañados y controlados por otros.

¿Quién no ha sentido que el mundo se le viene encima cuando las cosas no resultan tal como las esperábamos en el plano romántico, por citar un ejemplo bastante común? Hay que derribar ciertos mitos al respecto. No está mal sentirse bien con alguien, estar cohesionados en una visión romántica y sentimental. De hecho, lo que comúnmente se conoce como amor, parte de compartir una visión del mundo y del futuro desde la perspectiva del "juntos". Ahora, ¿qué sucede cuando dejamos de pensar en nosotros mismos para anteponer la felicidad de otras personas? Esto es lo que pasa cuando nos manipulan. Una de las consecuencias más trágicas de la manipulación es, en efecto, la dependencia emocional.

Otro aspecto a tener en cuenta es que la dependencia emocional no necesariamente es culpa de los otros. Es difícil entender esto porque supone una aceptación implícita de la responsabilidad de los acontecimientos, pero es imprescindible estar abiertos a todas las alternativas posibles para así encontrar un diagnóstico y una solución funcionales. De otra manera, no saldríamos ilesos de ningún tipo de relacionamiento. En otras palabras: curarnos a nosotros mismos es el único camino válido para entender las relaciones sociales y amorosas desde un enfoque propio saneado y ecuánime.

Dependencia emocional: un lastre que te impide ser feliz.

Todos hemos sufrido rupturas amorosas que supusieron un antes y un después en nuestro crecimiento como individuos. No hay que sentir pena o vergüenza cuando se trata de sanar nuestra concepción del mundo y de la relación entre los individuos. Resulta preocupante la facilidad con que nos entregamos, en el ámbito romántico, de tal manera que terminamos perdiendo nuestra capacidad de racionamiento crítico para asimilar y adoptar la visión de la otra persona. En honor a la verdad, conviene decir que, muchas veces, esto ocurre por culpa nuestra y, en otras oportunidades, como consecuencia de un largo y tortuoso proceso de manipulación afectiva. En todo caso, podemos salir de ese estadio si nos lo proponemos y tomamos acciones orientadas a retomar el control de la situación.

El escenario más común para representar un alto nivel de dependencia emocional es, por supuesto, una ruptura amorosa. La dependencia emocional funciona del mismo modo que los vicios, aunque parezca una analogía escatológica. Por ejemplo: un individuo adicto al tabaco, trabaja desde conexiones neuronales profundamente arraigadas en su cerebro. La repetición de esta conducta ha constituido un "camino fácil y automático" que nuestra mente toma para ahorrar energía. De esta manera, querrá encender un cigarrillo al despertarse, después de almorzar, poco antes de irse a dormir, para aligerar estrés o en situaciones sociales específicas. Es como tener un mecanismo invisible en nosotros que se encuentra en *On* en todo momento.

En el caso de los dependientes emocionales, la otra persona representa el papel del cigarrillo. Nos habituamos tan sólidamente a la presencia del *otro*, que no concebimos una rutina sin su existencia. Esto sucede de forma graduada, casi imperceptible. El verdadero golpe viene cuando, por la razón que fuere, la relación termina. Es entonces cuando nos cuestionamos nuestras conductas y comportamientos porque nos resulta imposible desasociarlas de la otra persona. La conexión emocional es tan fuerte que no nos permitimos apreciar el escenario desde una perspectiva externa. Abundan los reproches, las culpas, los condicionamientos. Estos, desde luego, nos impiden crecer. Aprender a sostenernos solos puede resultar una tarea desafiante y compleja, sin embargo, es más que necesario para quien aspira la tranquilidad emocional y la felicidad.

El verdadero desafío es liberarse de este lastre. Imagina lo bien que te sentirás al volver en ti, al poner tus zapatos de nuevo en su lugar, en el suelo, para así avanzar hacia tus metas personales al margen de lo que haya o no sucedido en esa relación. Es imprescindible que aprendamos a soltar todo eso que nos inquieta: los recuerdos, las culpas, los reproches. En caso contrario, estarás anclado a una ausencia sin posibilidades de salir del pozo. Otra de las claves son el autoengaño y la confusión. En esos momentos en que sentimos que todo se viene abajo, es fácil confundir la dependencia emocional con sentimientos de amor o cariño. Por eso, repite después de mí: el amor y la dependencia emocional no pueden ser la misma cosa. ¡Nunca!

¿Cómo superar este lastre?

Es necesario entender que la dependencia emocional no es más que la consecuencia de, al menos, dos elementos:

- Manipulación afectiva por parte del otro.
- Malinterpretación propia de las emociones ajenas.

En el primer escenario, existen consecuencias adicionales. Después de todo, ¿quién regresa de la guerra siendo el mismo individuo? Como es bien sabido, cuando hemos sido controlados afectivamente, desarrollamos problemas de autoestima, de identificación, de autenticidad. Esta es la clave del sufrimiento posterior. ¿Por qué nos cuesta tanto dejar ir a alguien? Está claro que la mente humana, con sus subjetividades, es muy amplia y sería prácticamente imposible reducirla a unas pocas opciones. Sin embargo, a lo largo de mi trayectoria he notado un denominador común bastante reconocible: lo que nos impide cerrar un episodio romántico o emocional pasa por la destrucción casi total de nuestra autoestima. En otras palabras: no nos sentimos capaces de despertar emociones positivas en nadie más porque, en esencia, hemos acaparado para nosotros todas las responsabilidades del hecho.

Sea cual fuere tu caso, carece de importancia la forma en que se dieron las cosas. Aquí lo realmente importante es tu bienestar, tu equilibrio emocional y tu crecimiento como ser humano. Llegado un punto, tendrás que desprenderte de todos los posibles factores que desencadenaron esta situación. Esto implica, a su vez, cuestiones no comprendidas al momento, como la dominación de una de las partes sobre la otra, del manipulador sobre el manipulado. De otra manera, estarías poniendo un límite en tu desarrollo personal. En un fragmento extraído del libro *El abuso de la debilidad y otras manipulaciones*, de Marie France Hirigoyen, se refiere el tema de la dominación de la siguiente manera:

La dominación no siempre es un fenómeno negativo. Toda la dificultad consiste en detectar el momento en que una relación se vuelve abusiva. En los primeros tiempos de una relación amorosa, por ejemplo, uno puede desear entregarse totalmente al ser amado hasta el punto de disolverse completamente en él y perder su individualidad. En toda relación pasional se instauran lazos de dependencia que, sin embargo, no son patológicos. Pero algunas veces la relación prosigue con una asimetría relacional que hace que una de las partes manifieste una gran dependencia respecto a la otra.

Tipos de dependencia emocional

Siguiendo este orden de ideas, es importante destacar que la dependencia emocional romántica no es la única a tener en cuenta. Existen, en general, tres tipos de dependencia emocional:

- Dependencia emocional en la pareja: es la dependencia más dañina de todas porque parte de la premisa de que el otro nos complementa. Es decir, que esa persona con quien compartimos determinado sentimiento le da sentido total a nuestra vida.

- Dependencia emocional en la familia: es el resultado de una formación familiar basada en el miedo o la ansiedad. Los padres, en primera línea, sufren este tipo de características y las transmiten inconscientemente a sus hijos, que terminan por adaptarlas dentro de sus estructuras de pensamientos y comportamientos.

- Dependencia emocional en el entorno social: caracterizada por la marcada necesidad de ser reconocido por aquellos que nos rodean en nuestro entorno social inmediato. La persona atrapada en este círculo se siente mal, en pánico, cuando sus comentarios o comportamientos no son aprobados en cualquier entorno.

Sin embargo, todas conforman un peligroso rasgo que tiene como característica principal la pérdida de nuestra autenticidad y sentido como individuos únicos. La buena noticia es que somos perfectamente capaces de romper con esta dependencia emocional. ¿Quieres saber cómo?

3 estrategias infalibles para superar la dependencia emocional

Si partimos del hecho de que el cerebro humano funciona como cualquier otra computadora, y que este puede reprogramarse en cualquier circunstancia, entonces todos esos condicionamientos que se conforman en nuestra mente pueden ser sustituidos o suprimidos a través de algunas tácticas específicas. En el caso de la manipulación mental (aquí, de la dependencia emocional), existen algunos ejercicios y enfoques que te permitirán dejar atrás la dependencia y retomar tu crecimiento como individuo. En la medida en que cambies el chip de tu mente, conseguirás salir de esta situación tan incómoda y dañina.

Hazte responsable de tu felicidad.

Uno de los enfoques más necesarios para revertir una situación de dependencia emocional es hacerte responsable de tu propia felicidad. Permítete entender que todo lo que ocurre en tu vida (principalmente las cosas buenas y de valor) son la consecuencia directa de cómo abordas el mundo y sus distintas eventualidades. Evita regalar la responsabilidad de tu felicidad a otras personas. Está claro que, para desarrollar este enfoque, necesitarás hábitos como la auto observación, el autoconocimiento, la priorización de tus objetivos y la aceptación de tus oportunidades de mejora.

Nadie puede hacer más por ti que tú mismo. Aunque esta sea una verdad inobjetable desde cualquier punto de vista, para muchos es difícil cambiar el chip. Lo importante, en todo caso, es que pongas en práctica los hábitos mencionados anteriormente. Quien conoce cada ápice de su ser es un hueso duro de roer en muchos ámbitos.

Cuida de ti mismo con amor y afecto.

Lo complejo de la dependencia emocional es que funciona como una desconstrucción absoluta de lo que somos. Nuestra autoestima se ha visto tan golpeada, que es prácticamente imposible reconocer cosas positivas en nosotros. En este sentido, uno de los enfoques adecuados para volver a sentirte bien con lo que eres, es cuidar de ti mismo con amor y afecto. Hacer esto no es nada complicado. Basta con establecerte pequeñas rutinas diarias de autodescubrimiento. Eres una persona maravillosa, todos los somos, pero a menudo no nos percatamos de ello porque le damos prioridad a las emociones negativas. Utiliza afirmaciones amorosas para hablar contigo mismo. Cuídate. Piensa que todo duelo o dolor es un escalón más que nos ayuda a ser mejores personas en el camino a la felicidad.

Piensa en el desapego como una forma de liberación.

Aquí apelo a la ironía para que veas que no todo se evalúa en colores opacos. Piensa en el desapego como una forma de liberación, pero, para hacerlo necesitarás tener mucha fuerza de voluntad. Un aspecto complejo de la condición humana es que a menudo nos dejamos gobernar por nuestros deseos, sean estos apropiados o no. En este sentido, trabaja conscientemente en vencer a ese tirano interno que te lleva a pensar en lo que has perdido. Entiende, así mismo, que solo a través del desapego con esa dependencia emocional podrás salir adelante y conseguir todos tus sueños.

Carta de una terapista

Para resumir la historia, tengo 21 años y mi novio tiene 23. Llevamos saliendo unos 3 años. Es un gran novio, pero siento que depende dema-

siado de mí. Estoy en mi último año de universidad y mis padres me ayudan mucho. Mi padre paga el alquiler por mí, así que básicamente el dinero que gano trabajando se destina a gasolina y comida.

Vivo en una casa de estudiantes fuera del campus con otras tres chicas y todos los servicios están incluidos. Mi novio estaba en una situación difícil, así que le ofrecí quedarse conmigo hasta que se recuperara. Hace un año que vive conmigo sin pagar el alquiler. También es incómodo para mí saber que vivo con otras tres chicas y que mi novio siempre está aquí. Igualmente, como cuando los amigos de la Universidad quieren visitarnos, pero es como si nunca pudiéramos ser chicas y pasar el rato porque mi novio siempre está cerca.

No me importaría tanto si al menos se ofreciera a ayudarme con cosas como sacar la basura, limpiar, comprar el jabón, pañuelos o el detergente para la ropa. A veces siento que es mi hijo porque estoy constantemente limpiando detrás de él.

Además, vivimos en el sur y él no tiene coche. Esto nunca fue un problema para mí, no soy vanidosa, pero siento que se aprovecha de mi amabilidad. Al principio no me importaba que manejara mi coche si tenía que hacer sus vueltas, pero ahora ha llegado al punto de que ni siquiera me pregunta si se lo puede llevar, simplemente, lo coge y se va. ¡¡¡¡Nunca se ofreció a cambiarme el aceite y nunca llena el depósito, sólo pone 10 dólares, lo que no sirve para nada!!!!

A veces me gasta toda la gasolina y cuando me subo al coche para ir a clase/trabajo tengo que dar la vuelta y echar más gasolina. Por no hablar de que siempre tengo que llevarlo de ida y vuelta al trabajo, a veces haciéndome llegar tarde a clase o al trabajo. Para empeorar las cosas, le pregunto constantemente si puede limpiar mi coche, lavarlo y nunca lo hace, pero se enoja cuando lo hago yo misma.

Como he dicho antes, este es mi último año en la universidad y me gradúo en mayo. Mi novio tiene un trabajo, pero también es un músico que se esfuerza. Entiendo que la escuela no es para todo el mundo, pero siento que necesita un plan de respaldo en caso de que su música no despegue.

Cuando le comento estos problemas, intenta hacerme sentir mal, describiéndome lo dura que fue su infancia y que su familia no tiene dinero como la mía. "No soy rica, pero mis padres trabajan muy duro". En su casa, su padre lleva años despedido y su madre es la única que lleva la comida. Me asusta que si continúo en esta relación vamos a terminar igual que sus padres. Aparte de todos los aspectos negativos, es un gran novio. Me pregunto si es hora de dejar ir a este gran novio porque todos estos aspectos negativos me están volviendo loca. A veces ni siquiera puedo mirarlo sin que me moleste.

Capítulo 10

Víctimas de manipuladores

Nadie quiere sentir que pierde el control de sus emociones, pensamientos y comportamientos. Ellos, sumadas, constituyen el criterio personal de cada individuo. Partiendo de esta premisa, creo imprescindible que conozcas más acerca del punto focal en el tema de la manipulación mental: las víctimas. Mucho se ha dicho e investigado acerca de las características más predominantes en los manipuladores de gran talla. Esto sugiere la necesidad de plantearnos la siguiente pregunta: ¿cuántos libros, películas, documentales e investigaciones se han llevado a cabo para determinar cuáles han sido las motivaciones o los disparadores que redundaron en la manipulación de los miembros de la secta La Familia, conformada por Charles Manson? Una cifra preocupantemente pequeña. Pero, en cambio, la cantidad de documentación publicada en torno al gran líder de la secta es monstruosa.

El misticismo y el encanto de este líder son de un magnetismo desbordante. Su sola presencia ejerce sobre quienes le rodean una fascinación sin compón. Esta es la única explicación del por qué se estudia tanto al manipulador en detrimento del manipulado. En pocas palabras: nos fascina aquello que no entendemos. Pero, si en caso contrario, consiguiéramos entender con mayor claridad cómo funcionan los distintos mecanismos que componen nuestra mente, entonces le prestaríamos más importancia a las características de quien ha sido abusado. Esto tiene mucho que ver con un tema de cultura o construcción social. De alguna manera nuestra atención tiende hacia lo macabro, lo complejo, lo difícil de entender. Para ser más claros: nos fascina saber más sobre aquello que, *creemos*, no nos pasaría a nosotros.

Me gusta pensar en los manipuladores como tiburones al asecho de una pequeña embarcación.

Seguramente has visto las versiones cinematográficas de *Tiburón*, ese clásico del cine que está basado en la película homónima de Peter Benchley. Pues bien, te diré lo que ocurre en la vida real: el tiburón ataca en el momento en que saborea un poco de sangre. Así funciona su instinto: un poco de sangre y el ataque será mucho más intenso. Lo mismo pasa cuando una persona manifiesta ciertas características frente a un manipulador: el ataque llegará. A partir de ahora, te pido que prestes entera atención al contenido que he dispuesto para ti. De esta manera podrás aplicar todos los correctivos que consideres pertinentes para no ser una presa fácil de todos esos tiburones que se encuentran siempre a la espera de su próxima víctima.

¿Qué características fascinan a los manipuladores?

Ha quedado claro que los manipuladores buscan, en esencia, socavar el poder y autocontrol de las personas. El único objetivo de estos pasa por eliminar el criterio propio de los demás para inocularles los suyos como si se tratara de un veneno indoloro. De esta manera garantizan que sus manipulados antepongan los deseos del manipulador a los propios. Se trata, en definitiva, de un juego de poder. En la medida en que cedemos el nuestro, nos preocupamos más por la felicidad de los demás. Es por ello que resulta tan preocupante que la manipulación mental se haga cada vez más común en la sociedad. A continuación, los rasgos característicos más buscados por quienes disfrutan de ejercer el control y la manipulación mental sobre otros.

La inseguridad.

Los manipuladores prefieren personas que manifiesten problemas relacionados como inseguridad o dependencia emocional. Estos rasgos distintivos son especialmente atractivos para los controladores porque entienden, en cierto modo, el funcionamiento de la mente humana. La mala noticia en casos como este es que este tipo de personas son fáciles de reconocer. Por ejemplo: cuando alguien es inseguro suele estar a la defensa en situaciones de estrés o presión. Una corta conversación es suficiente para un gran manipulador; es lo único que necesita para identificar si eres una persona insegura, lo que le llevará a intensificar cualquier ataque. La ansiedad social es otra característica innata y muy detectable de las personas que sufren de inseguridad emocional.

La sensibilidad.

Para empezar, ¿qué significa ser una persona sensible? Esto implica muchos aspectos genéricos, pero, en esencia, una persona sensible es aquella que entiende e interpreta lo que ocurre a su alrededor con una profundidad emotiva mucho más marcada. Claro está, a estos individuos no les gusta nada que esté mínimamente relacionado con la violencia o la crueldad en ninguna de sus formas. Ahora bien, ¿por qué la sensibilidad es tan bien apreciada por los manipuladores? Porque si eres sensible, eres presa fácil. Te explico la razón: un manipulador, como especialista en la dinámica emocional de la sociedad, apunta a objetivos sensibles porque le resulta fácil simular emociones, construir una falsa empatía. A partir de este momento, clavan sus garras.

El miedo a la soledad.

Muchas personas tienen miedo a la soledad. La sencilla idea de morir solas les afecta en niveles muy profundos. En este sentido, son capaces de torcer sus propios cánones y percepciones para evitar a toda costa este escenario tan temido. Este miedo a la soledad es caldo de cultivo para los manipuladores, que ven en este tipo de individuos, potenciales víctimas. Un factor que le juega en contra a quienes temen a la soledad es que se apegan con mucha facilidad, al punto de parecer "pegajosas". De manera que un especialista lo notará rápidamente y, en definitiva, preparará el camino para manipularle desde su experiencia y agilidad.

El idealismo.

Este es un rasgo distintivo que ha sido capitalizado a lo largo de la historia por distintos tipos de manipuladores. Si nos ubicamos en un contexto político, la sociedad alemana posterior a la primera guerra mundial era especialmente idealista desde un enfoque nacional. Por sentirse derrotados, buscaban cualquier símbolo que les devolviera la "grandeza de otrora". Es aquí donde manipuladores de la talla de Adolf Hitler ejercen toda su habilidad. Los idealistas son especialmente vulnerables porque suelen entregarse ciegamente a símbolos o pequeños profetas que simulen compartir su cosmovisión. Adeptos de alguna secta o de un culto religioso son solo algunos ejemplos para ilustrar este punto.

Los que rehúyen enfrentamientos.

La ausencia de carácter, ¿conoces a alguien así? Son esas personas que, por miedo a enfrentar posibles discusiones, son capaces de hacerse a un lado. Este rasgo de personalidad es muy preocupante. Quien lo sufre no sabe cómo defender sus ideas, opiniones, proyectos o criterios. ¿Qué crees que ocurre con alguien así? En primer lugar, difícilmente consiga tener éxito en la vida, ya que esta nos enfrenta a desafíos cada día. Por otro lado, los manipuladores pueden tomar ventaja psicológica sobre ellos con un poco de presión. Sin embargo, se enfrentan a una reacción imprevisible. Este tipo de individuos terminan reaccionando de formas diversas tras años de represión y silencio acumulados

No seas presa fácil

Sí, yo entiendo que nuestra personalidad es la suma de todas las experiencias y condicionamientos enfrentados a lo largo de la vida. Entiendo que es difícil cambiar algunos rasgos del *cómo somos*. Sin embargo, creo que es imprescindible si buscas evitar ser la presa fácil de la larga lista de manipuladores que están cada día al asecho. La idea es que te hagas consciente de tu propia felicidad, como fue mencionado anteriormente. En este sentido, ¿por qué poner tu plenitud emocional en manos de un controlador que no quiere sino imponerte su criterio y su forma de ver el mundo? No olvides que los manipuladores trabajan para sí mismos. Te utilizan, te marcan, te socavan. Dicho esto, ¿qué sentido tiene ser una víctima accesible?

No te pido que te transformes en un muro de insensibilidad y frivolidad. Todo lo contrario, sigue siendo quién eres, pero hazlo con toda consciencia. Tienes la posibilidad de mejorar aspectos de ti, pequeñas características que no solo te harán mejor persona, sino que te mantendrán alejado de quienes buscan hacerte daño, dominarte y quitarte el control de tu vida. Si habiendo leído el segmento anterior, te reconociste en alguno de los ítems expuestos, ¿qué esperas? ¿Quieres que alguien más domine tus actos como si fueses una marioneta? Estoy seguro de que no quieres tal cosa. Porque... ¡no eres una marioneta!

Eres un ser humano repleto de habilidades, destrezas, oportunidades de mejora y sueños. Sobre todo, sueños. No podrás alcanzar tus objetivos vitales si te dejas manipular por los demás. De manera que se hace menester que elimines de ti todos esos rasgos mencionados anteriormente. De lo contrario, trabajarás toda tu vida para alguien más, no para ti. Verbaliza lo que has sufrido, identifícalo y aplica correctivos. Permítete curarte.

A continuación, un interesante fragmento extraído del libro El acoso moral, de Marie France Hirigoyen:

> El hecho de nombrar la manipulación perversa no conduce a la víctima a repetirse, sino que, por el contrario, le permite liberarse de la negación y de la culpabilidad. Quitarse de encima el peso de la ambigüedad de las palabras y de los asuntos silenciados facilita el acceso a la libertad. Para ello, el terapeuta debe permitir que la víctima vuelva a confiar en sus recursos interiores. Sean cuales fueren las referencias teóricas del psicoterapeuta,

debe sentirse lo suficientemente libre en su práctica como para comunicar esa libertad a su paciente y ayudarle así a sustraerse al dominio.

Capítulo 11

Efectos de una persona manipuladora sobre otros

Se habla, quizás demasiado, de los manipuladores, lo que en mi opinión es un error de enfoque absoluto. La prioridad, en cualquier escenario, es la víctima. Pretendo entonces, ayudarte a entender cuáles son esos efectos de una persona manipuladora en los demás. ¿Qué hacer? ¿Cómo blindarte de estos especialistas en el arte del control mental?

Desde la empatía, creo que es fundamental entender cuáles son estos efectos en las personas; de esta manera, dadas determinadas circunstancias, podríamos ofrecer una mano amiga a quien lo necesita. Recuerda que la vida a veces puede tornarse compleja, insostenible o difícil, pero todos los huracanes pasan. O como dicen por allí: es más oscuro cuando está por amanecer. De esta manera, me gustaría mostrarte como una especie de guía. Un pequeño manual para que sepas reconocer estos efectos en las personas de tu entorno y, si lo consideras pertinente, ofrecer tu ayuda. No olvides que un gran poder, con lleva una gran responsabilidad.

Efectos de la manipulación emocional.

Esta es una lista de efectos de la manipulación emocional en las personas. Estos efectos, a largo plazo, te ayudarán a identificar la acción de un manipulador en tu entorno social inmediato.

Aislamiento.

Un efecto muy común de los manipuladores en otras personas es hacer de estos últimos individuos aislados, que prefieren la contemplación antes que la acción. En vista de que la manipulación emocional lleva a las personas a dudar de sí mismas, afectando su autoestima, es lógico que quien lleve mucho tiempo sometida a un tipo de control emocional externo limite su vida a la contemplación. Esto se debe a que el manipulado se siente incapaz, dañado, poco apto para tomar acciones pertinentes en escenarios específicos. Se trata, en definitiva, de una secuela natural de alguien con una autoestima prácticamente nula.

Constante juicio sobre otros.

Las personas que han sido manipuladas emocionalmente por un prolongado periodo de tiempo, como se vio en el ítem anterior, prefieren abstenerse de tomar posiciones protagónicas frente a las circunstancias de la vida. En contraparte, prefieren emitir juicios de distintos tipos. Esta es la forma en la que ellos se sienten en control, luego de pasar mucho tiempo sin control. Las herramientas para superar estos efectos son la compasión, el autoconocimiento y la aceptación. En la medida en que incluyamos estas bondades en nuestros sistemas de creencia, conseguiremos una actitud mucho más activa frente a las distintas eventualidades de la vida.

Necesidad de aprobación.

Otro de los efectos palpables de los manipuladores en la vida de los manipulados es que les obligan (inconscientemente, tras años de abuso) a requerir la aprobación constante por parte de todos. Esto incluye tanto a las personas que conforman su entorno social inmediato como a aquellos que no tienen mayor representación en la vida del individuo. Tiene sentido si lo analizamos: luego de sentir que por mucho tiempo no hemos sido *suficientemente buenos* para alguien, el instinto del individuo manipulado le lleva a esforzarse a niveles insospechados para conseguir cualquier aprobación posible, incluso la de aquellos a quienes no conoce.

Resentimiento.

El resentimiento es una característica adquirida luego de un tortuoso proceso de manipulación emocional. Este se manifiesta en actitudes como: irritabilidad, mal humor constante, impaciencia y sentimientos de culpa. Una vez más, es la consecuencia de años de abuso y de destrucción psíquica. Por ejemplo, si por mucho tiempo alguien ha estado siendo manipulado, eventualmente creerá que es incapaz de llevar a cabo acciones prudentes o sensatas. Recuperar la autoconfianza puede ser, para muchos, un desafío altamente complejo, y a menudo es el resultado de "no haber dado la talla" durante un prolongado período de tiempo. Dicho de otro modo, después de que alguien te trata mal, ver actitudes optimistas en los demás se tornará difícil.

Ansiedad y trastornos depresivos.

Sentirnos ansiosos es un efecto lógico tras haber sido manipulados emocionalmente durante mucho tiempo. Por ejemplo, cuando nos han mentido muchas veces (esto aunado a los sentimientos de culpa que nos transmiten los manipuladores más hábiles), terminamos por adoptar las mentiras como parte de la dinámica social. Además, existe evidencia documentada de que estar atrapados en un patrón de abuso emocional puede situarnos en el complejo escenario de un trastorno depresivo. La buena noticia es que estas son secuelas curables, por lo que basta cambiar el chip, poner distancia y trabajar en nosotros mismos.

Efectos de la manipulación psicológica a corto plazo

También existen, en mayor número, efectos a corto plazo de la exposición a la manipulación psicológica. A continuación, una lista de los efectos más comunes y dañinos en lo relacionado a este tipo de abusos:

Evitar el contacto visual.

El manipulador ejerce un dominio en el manipulado a niveles tan profundos que, pronto, este termina habituándose a la necesidad de esconderse. A menudo, quien se ha expuesto demasiado a la manipulación psicológica, termina por evitar todo tipo de contacto visual. Esto con la ilusión de sentirse protegido. Quien evita el contacto visual piensa que de esta manera evitará ser molestado por su manipulador. En líneas generales, este es un rasgo que aplica en cada uno de sus relacionamientos sociales. Así, la persona manipulada cree estar a salvo. Es como cuando siendo niños tenemos la certeza de que al cerrar los ojos con fuerza el monstruo desaparecerá. Lamentablemente, este es un efecto que se presenta a muy corto plazo.

Exceso de prudencia.

Como si se tratase de un derivado del miedo, otro efecto que contagia el manipulador en su víctima es la necesidad de pensar y repensar cada acción, por pequeña que esta sea. ¿A qué se debe esto? Precisamente al debilitamiento de nuestra autoestima. Conforme el manipulador nos hace sentir menos capaces de tomar acciones adecuadas, nos cohibimos de hacerlo. Pensar excesivamente en cada acción antes de tomarla es una consecuencia directa de las incongruencias en nuestra autoconfianza. Muchas veces, el manipulado justifica esta inhibición como "prudencia" cuando en realidad es temor a molestar o enojar a su victimario.

Inseguridad.

Lo he mencionado anteriormente. La característica principal de un proceso de manipulación psicológica es la destrucción parcial o total de nuestra autoconfianza. No nos sentimos óptimos para tomar buenas decisiones, para actuar adecuadamente. En consecuencia, limitamos nuestra participación en cualquier estadio social solo para evitar que el manipulador se moleste o se irrite. Este efecto, se extiende a casi todos nuestros pensamientos. ¿Has cuestionado alguna vez tus decisiones? Esto es el resultado del reproche constante de quien ha tomado el control de nuestra forma de ver el mundo. Como he dicho, una consecuencia inequívoca de la manipulación psicológica.

Pasividad.

Ser pasivo termina convirtiéndose en una especie de escudo que nos protege de reproches, reclamos o cuestionamientos por parte del manipulador. Este, al adentrarse en nuestra visión a través de la imposición de sus criterios, socava significativamente nuestra capacidad de actuar o de decidir, en distintos ámbitos de la vida. Dicho de otra manera: la pasividad es una respuesta inmediata del manipulado, que solo busca un espacio de neutralidad en el que no se cuestione cada una de sus decisiones. El miedo a ser juzgado es, nuevamente, el punto focal y determinante.

Sentimientos de culpa.

Es posible que te culpes a ti mismo por la presencia de un manipulador que te ha subyugado a placer. Los sentimientos de culpa son frecuentes en aquellas personas que han visto o sentido la acción constante y asfixiante de un manipulador. En este sentido, una relación basada en la manipulación psicológica es una bomba de tiempo que funciona de forma unilateral. Es decir, solo existe una víctima. La verdad es que la sensación de culpabilidad puede tener una razón de ser anterior al acto de manipulación, pero en la mayoría de los casos esta no es más que una consecuencia natural del abuso psicológico al que la persona ha estado expuesta por mucho tiempo.

Capítulo 12

La culpa, la lástima y la intimidación.

Comprender cuáles son los efectos más nocivos que un manipulador ejerce sobre sus víctimas es una necesidad. En un contexto donde el contrato social nos exige cada vez más en relación con nuestros contemporáneos, resulta menester el conocimiento de todas las secuelas que nos puede dejar la exposición prolongada a ciertos tipos de abusos. La dependencia afectiva, la manipulación psicológica y emocional, entre otros. Todos los elementos que nos permitan establecer la dinámica mediante la cual nuestro sistema conductual se ve mermado y socavado como consecuencia del control emocional, son especialmente necesarios al momento de entender la relevancia del tema que aquí nos atañe.

Con todo esto, busco brindarte información certera acerca de cómo la manipulación emocional nos modifica desde adentro hacia afuera en términos de comportamiento y relacionamiento con los demás. Para nadie es un secreto que quien por años ha padecido algún tipo de abuso emocional o psicológico, desarrolla nuevas formas de relacionarse con su entorno. Esto, desde luego, en términos negativos. Ha quedado claro que una de las consecuencias inequívocas de todo proceso de manipulación mental es la deconstrucción casi absoluta de nuestros sistemas de afrontamiento. En otras palabras: conforme nos manipulan, menos capaces somos de reaccionar ante las distintas eventualidades presentes en el día a día.

Siguiendo este orden de ideas, quiero hablarte de la clasificación de 3 de las secuelas más corrosivas en cuanto a la manipulación mental, La culpa, la lástima y la intimidación. De esta manera, pretendo darle continuidad al análisis de las consecuencias que la manipulación mental tiene en nuestras vidas.

Recuerda que, si te has sentido alguna vez manipulado, no eres el culpable. Está claro que estos individuos trabajan con base a una amplia experiencia en el campo del control mental. Ellos se aprovechan de ciertas características para identificar a sus víctimas. De manera que, aunque hoy te acompañen sentimientos de culpa, es fundamental que aceptes esta realidad como uno de los muchos otros resultados en la constante interacción social de la vida. Ahora, si bien es cierto que no eres culpable de haber sido manipulado emocionalmente por alguien más, tienes en tus manos la responsabilidad de cambiar, de blindarte, de perfeccionar tus defensas para evitar que este tipo de trampas se repitan en el futuro. De allí la importancia de los conceptos ofrecidos a continuación. Para ello, te invito a que continúes la lectura y sigas robusteciendo tus conocimientos en torno al funcionamiento de la mente y conducta humana.

Culpa

La culpa no solo se trata de una estrategia del manipulador para apropiarse de tus emociones. Es también un efecto lógico de la interacción con un especialista en el control mental. Como te he mencionado en capítulos anteriores, la culpa es uno de los efectos más comunes y corrosivos para las víctimas de manipulación mental (psicológica o afectiva, activa o pasiva), por lo que el primer paso para superar los sentimientos de culpa que se agolpan en nosotros es, en definitiva, aceptar que hemos sido heridos en nuestra constitución como seres humanos.

El hecho de haber sido violentados emocionalmente no significa que seamos directos responsables de lo sucedido. Recuerda que un manipulador es, por naturaleza, experto en ciertos menesteres. Entre ellos, el de identificar las vulnerabilidades de las personas. Piensa en ellos como en esos depredadores que tantas veces hemos visto en los documentales de la vida animal, porque es precisamente lo que son.

Del mismo modo que un depredador asecha a su presa hasta que encuentra el momento exacto para atacar, lo mismo hace un manipulador en distintos ámbitos de la vida social. Como fue referido en capítulos anteriores, estos tienen la capacidad de identificar a las personas más vulnerables debido a ciertas características específicas. Por ejemplo, si eres una persona que rehúye del conflicto, eres presa fácil para quien ha desarrollado la habilidad de manipular emocionalmente a los otros. Una de las consecuencias directas es el sentimiento de culpa.

La buena noticia es que puedes liberarte de estos sentimientos con algunas tácticas que apuntan a reprogramar tu estructura de pensamientos, a cambiar tu chip. A continuación, 3 recomendaciones prácticas para dejar de tener sentimientos de culpa en tu vida.

- Poner las cosas en perspectiva.

Por naturaleza humana, tenemos la tendencia a darle más importancia a las emociones o circunstancias negativas, que a aquellas que nos resultan agradables. En este sentido, es importante que aprendas a poner las cosas en perspectiva. Observa y evalúa los acontecimientos de tu vida desde distintas posiciones, así encontrarás soluciones prácticas desde perspectivas diametralmente opuestas.

- No interpretes la vida en blancos o negros.

Otro de los enfoques que te ayudarán a soltar esos sentimientos de culpa que te agobian es entender que la vida va mucho más allá de términos absolutistas. El mapa personal de cada individuo se compone por sus subjetividades y condicionamientos. Actuamos de acuerdo a experiencias pasadas que nos resultaron particularmente difíciles. Este es el modo en que nuestro cerebro nos protege de emociones negativas. Sin embargo, cuando nos centramos en *leer* la vida en términos de blancos y negros tomamos decisiones radicales que no necesariamente implican funcionalidad. La vida, por supuesto, está llena de múltiples matices. Deja los blancos y negros para los tableros de ajedrez.

- Acepta que la culpa no te lleva a ningún lado.

¿Por qué alimentar sentimientos de culpa cuando estos no nos llevan a ningún lado? Si nos apegamos a un objetivo de vida, los especialistas y líderes de la literatura de desarrollo personal nos recomiendan que tracemos pasos y tareas solo si esta nos acerca a nuestro propósito. No tiene sentido desperdiciar energías y salud en cuestiones que no aportan valor a cada una de tus búsquedas personales. Es bien sabido que muchas veces la culpa funciona como combustible, como una fuente positiva de motivación. Sin embargo, en la mayoría de los casos esta consume todo cuanto hacemos, ya que se establece como un patrón de pensamientos en nuestra mente, limitando nuestra reacción y nuestros mecanismos de afrontamiento.

Lástima

Para nadie es un secreto que la lástima es una de las estrategias mediante las cuales un manipulador nos mete en su juego mental. Pero, ¿qué pasa cuando la lástima pasa de ser una forma de violencia y se establece como una secuela de la manipulación emocional?

Sentir lástima por ti mismo es una respuesta inmediata y lógica de tu mente luego de ser violentada en términos emocionales y psicológicos. El ser humano alimenta una tendencia ciega a sentir más intensamente las emociones negativas que las positivas, de manera que cualquier daño que hayamos sufrido se instala con mayor facilidad en nuestras programaciones mentales. Este tipo de condicionamientos es altamente perjudicial en nuestro desarrollo personal, ya que nos impide dar pasos sólidos hacia la consecución de nuestros objetivos.

Es fundamental, en principio, que reconozcas que sentir lástima por ti mismo no agrega valor positivo a tu vida. Si bien es cierto que no puedes culparte por haber caído en una dinámica de manipulación mental o psicológica, sí es tu responsabilidad tomar todas las acciones correctivas que consideres pertinentes para retomar el control de tus decisiones y comportamientos. En general, de tu vida.

La aceptación, en este caso, adquiere especial importancia. Acepta que la vida tiene momentos difíciles, que las circunstancias adversas forman parte del camino. Este ejercicio te ayudará a reconectarte con tu esencia, con lo que eres y con aquello que quieres alcanzar. Todos estamos expuestos a ser manipulados emocional o afectivamente. La cuestión está en cómo reaccionamos cuando esto sucede. Podemos cruzarnos de brazos y esperar que pase el huracán o buscar dónde guarecernos mientras esto ocurre.

Independientemente de las eventualidades enfrentadas, el enfoque es determinante porque solo a través de él somos capaces de seguir adelante. Esto es lo que la psicología llama resiliencia, un término relativamente nuevo que representa la capacidad de un individuo para sobreponerse a eventos especialmente trágicos.

La buena noticia es que existen algunas tácticas que funcionan como un interruptor. Estas prácticas, llevadas a cabo con constancia y autoconsciencia, te ayudarán a dejar de sentir lástima contigo mismo. Solo así te liberarás del manipulador, que por un tiempo puso en jaque tu felicidad.

- Sal momentáneamente de ti mismo al practicar la bondad con otras personas.
- Plantéate nuevas metas.
- Permítete ayuda profesional o ingresa en un grupo de apoyo.
- Recuerda todas las cosas buenas que hay en tu vida.
- Piensa (de forma amigable) en tu futuro.

No olvides que tu tranquilidad emocional es el primer objetivo. Una vez que consigas un nivel óptimo de equilibrio afectivo, tendrás mayores probabilidades de encauzar tu vida hacia las metas que has pensado como plan de vida. Como habrás notado, muchas de las tácticas ofrecidas anteriormente pasan por sacarte de ti mismo. Cuando sentimos lástima por nosotros mismos, estamos atrapados. La fórmula es salir. Despréndete por un momento de aquello que crees que no está bien en ti y enfoca tus energías en ayudar a otras personas. Una simple conversación puede ser suficiente para ayudar a alguien más. La buena noticia es que, al hacerlo, también te permites sanar.

Intimidación

La intimidación es una de las armas secretas de los manipuladores. Esta estrategia puede ser puesta en práctica en distintos niveles, muchos de los cuales pasan inadvertidos en la mayoría de los casos. Conviene identificar con precisión estos chantajes para no caer nunca más en las redes de quienes viven para destruir nuestra visión en aras de sus beneficios personales. ¿Por qué es tan importante hablar de la intimidación como arma? Esta no solo es una estratagema frecuente, sino que puede tornarse imperceptible para el individuo manipulado.

Al igual que otras técnicas como el silencio, la proyección, la minimización o el victimismo, la intimidación es una práctica que puede asentarse en el relacionamiento social entre dos individuos. Bien sea en el contexto de una relación romántica como entre dos amigos. Sea cual fuere tu caso, es imprescindible que aprendas a reconocerlos para evitar males mayores. En resumidas cuentas, quien ejerce la intimidación se caracteriza por:

- Amenazar frecuentemente.
- Exigencia desmesurada.
- Imprevisibles cambios de humor.

No obstante, existen pequeñas formas de darle un giro de tuerca a esta situación. Si sientes que te manipulan a través de la intimidación, puedes aplicar las siguientes recomendaciones:

- No te culpes.
- Di "no" cuando lo consideres necesario, sin miedo.
- Hazte consciente de las consecuencias de la intimidación.
- Aléjate del manipulador, establece distancias claras.

Capítulo 13

La autoestima

Ningún ser humano puede alcanzar sus objetivos sin poseer una buena autoestima. Si has sido víctima de manipulación emocional durante un prolongado espacio de tiempo, es probable que tu autoconfianza y autopercepción se haya distorsionado significativamente. En consecuencia, encontrarás mayores dificultades en el camino hacia la concreción de tus objetivos. Los tres ejes que constituyen que explicare son: la importancia de la autoestima, cómo construir una autoestima de acero y, en última instancia, cuáles son los beneficios por los que vale la pena trabajar en ti.

¿Quién no ha sentido alguna vez que carece de las habilidades para ser exitoso? Si bien es cierto que esta es una sensación presente en un considerable porcentaje de individuos, su impacto es mucho más profundo en aquellas personas que han sufrido múltiples abusos psicológicos y afectivos. Sea cual fuere tu caso, es innegable que trabajar en ti y en lo que sientes en relación a ti como individuo, es una tarea que todos deben cumplir en aras de su plenitud y felicidad. Una excelente opinión sobre ti mismo es la clave para sentirte capaz de cualquier cosa.

En este sentido, las personas que se hacen responsables de sí mismos, tratándose con amabilidad, incluso en medio de las adversidades más complejas, están preparadas para llegar a la cima. Y, ¿quién no sueña con una vida plena y rebosante de felicidad? Sin embargo, para alcanzar el nivel óptimo de plenitud, la autoestima juega un papel fundamental. No olvides que tú eres el activo más valioso en tu vida. De manera que puedes lograr todo lo que te propongas siempre y cuando tu mente y tus conductas estén alineadas en la dirección correcta.

La vida misma nos exige valentía y coraje. Nuestra historia personal pudo impulsarnos a determinados comportamientos; no obstante, está en nosotros hacer todos los ajustes necesarios para retornar al sendero. No olvides que, como víctima, no eres culpable de tu situación actual, pero sí de mejorar esas condiciones. Para ello, este capítulo.

¿Por qué es tan importante tener una autoestima saludable?

Parece una obviedad, pero es preocupante la cantidad de personas que tienen dudas (serias, por cierto) sobre ellas mismas. Sí, te concedo una cosa: la vida puede ser definitivamente compleja. En algunos casos, cada pequeño paso supone un desafío para quien se enfrenta a circunstancias especiales. Sería un despropósito negar que el contexto y las circunstancias externas muchas veces promueven este tipo de sensaciones en nosotros mismos. ¿Quién no se ha sentido impotente ante determinada problemática? ¿Quién no ha fallado en el camino? ¿Quién de nosotros no ha estado a punto de darse por vencido? Nadie podría emitir juicios de valor en términos de resistencia porque, como he repetido en varias ocasiones, cada ser humano es distinto. De manera que, despreocúpate, mi intención jamás será juzgarte. Solo busco ayudar.

Ahora bien, en el caso de las personas que han tenido que soportar años de maltratos psicológicos (entiéndase: manipulación emocional, afectiva o abusos de diversas índoles), el impacto suele ser mucho más profundo. Pongamos por ejemplo a una mujer que por años estuvo encerrada en un marco de abusos emocionales dentro de su vida familiar, en su matrimonio. Si el manipulador basó su dominio en la minimización, en el constante desprecio e incluso en la indiferencia, es totalmente comprensible que uno de los efectos desarrollados por parte de la manipulada sea el de creerse menos que otras personas. Si conoces a alguien así, entonces es fundamental que entiendas que sus patrones conductuales son la consecuencia de la exposición al abuso.

Todos estamos expuestos, en cierto sentido, a ser manipulados por alguien más. Puede darse el caso de que seamos muy entregados, este tipo de personas es presa fácil de los expertos en el control mental a través de las emociones. Lo que sugiere una mayor probabilidad de desarrollar complejos de inferioridad en relación al resto de individuos. Pero, ¿por qué es tan importante, entonces, promover un cambio radical en términos de autoconfianza y autopercepción? Como te mencioné al principio de este capítulo, si no te crees capaz... no lo serás. En otras palabras, cuando alguien se deja vencer por un sistema de creencias pesimista (lo que los especialistas en la neurociencia llaman creencias limitantes), no tomará acciones concretas para llegar a su meta.

Quiero darte otro ejemplo: si un atleta ha desarrollado complejos de inferioridad, ha visto atrofiarse su autoestima y autoconfianza, no trabajará al cien por ciento de sus capacidades. Independientemente de si es un virtuoso o el mejor de su generación, en su mente él no lo acepta, se limita. En resumidas cuentas, cada esfuerzo que haga para mejorar sus registros atléticos, lo hará condicionado por sus propias limitaciones mentales. No cree en sí mismo, entonces, ¿por qué esforzarse si, en definitiva, no tiene las habilidades y destrezas para ser el mejor atleta? Esto es lo que pasa por la mente de alguien que no se siente lo suficientemente valioso como para intentarlo con todas sus fuerzas. Es un escenario muy común entre aquellos que han sufrido abusos emocionales.

¿Quieres construir una autoestima de acero? ¡Te digo cómo!

La buena noticia es que el atleta del ejemplo anterior puede reprogramar su mente. Sí, reprogramarla. Como si se tratase de un ordenador informático. Y es que, en esencia, nuestro cerebro funciona del mismo modo que una computadora cualquiera. Claro está, las diferencias cualitativas entre la mente humana y la computadora más compleja de la humanidad son superlativas.

Es bien sabido que el cerebro humano es el conjunto de mecanismos más portentoso que se haya descubierto a la fecha.

Para confirmar esto, basta pensar en las grandes maravillas que han surgido de su actividad. Obras arquitectónicas, teorías científicas que demuestran cuestiones tan complejas como el inicio del universo, obras de arte, monstruosos avances de la ingeniería. Todas estas son pequeñas evidencias de lo que el ser humano, a través de su mente, es capaz de hacer.

Dicho esto, ¿imaginas cuán poderosa puede llegar a ser nuestra mente si sabemos aplicar los ajustes necesarios? Incluso el más arraigado de los hábitos puede ser suprimido o sustituido si sabemos cómo hacerlo. Lo mismo ocurre con las estructuras de pensamientos que albergamos en nuestro interior. Cabe destacar, en este sentido, que la autoconfianza es una de esas armas que el ser humano puede desarrollar y ejercitarla como si se tratase de un músculo cualquiera.

Pero, ¿cómo hacerlo? ¿Has pensado alguna vez en cuáles serían los pasos o las tácticas a seguir para mejorar tu autoestima? Te propongo, antes de continuar, que olvides momentáneamente al manipulador que intentó destruir tu ego y tu autopercepción. No te pido que lo olvides del todo porque puede ser contraproducente. Solo quiero que le restes poder a su presencia en tu vida. Hazte consciente de que tienes el poder para cambiar eso que está ligeramente averiado en tu opinión sobre ti mismo. ¿Listo? Bien, por favor lee con atención las siguientes recomendaciones porque estas, llevadas a cabo, transformarán tu vida. Te ayudarán a reconectarte contigo mismo: con ese *yo* valioso que se ha escondido pero que jamás desaparece.

Recuerda las cosas que has logrado.

Sé que cuando tenemos una percepción de nosotros mismos muy distorsionada, nos cuesta encontrar aspectos en los que somos buenos. Claro que entiendo la posición de esas personas porque yo mismo he estado allí. Y aquí tenemos un punto importante.

Yo mismo he conseguido salir de ese oscuro túnel que es la baja autoestima. Para lograrlo, me propuse cada día, antes de dormir, un pequeño ejercicio: cerrar los ojos y ejercitar la memoria.

El hecho de que las emociones positivas sean menos "rimbombantes" que las negativas, no significa que pasen al olvido con facilidad. Remueve los anales de tu memoria, busca entre esos muebles mohosos que están en tu mente. Estoy seguro de que encontrarás momentos, cosas, pequeños logros que te recordarán las cosas buenas que has logrado. Absolutamente todos los seres humanos hemos alcanzado pequeñas o grandes metas. La idea es que te reconectes con tu *yo* exitoso. No olvides que existe, solo debes encontrarlo.

Evita en lo posible las comparaciones.

¡Es una clave en el proceso de saneamiento! Tiene mucha razón esa frase popular que dicta que las comparaciones son odiosas. En efecto, lo son. Nos sitúan en una perspectiva desventajosa, nos mide de acuerdo a conceptos y circunstancias muchas veces carentes de todo equilibrio. No te voy a engañar, cuando nos comparamos siempre hallamos a alguien más que parece mejor que nosotros en algunas cosas. Pero, ¿qué sentido tiene compararte con los demás?

A cada ser humano lo conforman factores como: experiencias, formación académica, rasgos de carácter, condicionamientos, miedos, entre otros. Partiendo de todas estas variables, ¡nunca se parte de la misma línea de arranque! Evita en lo posible compararte con otras personas y reconoce que tú tienes cosas valiosas en tu interior, que tienes habilidades y destrezas perfectibles, que eres tú mejor recurso.

Utiliza un diario para dialogar contigo mismo.

La utilización de un diario es uno de los consejos más difundidos por la literatura de superación personal e incluso por especialistas de la psicología social o la psiquiatría. El efecto de empezar un diario es inmediato. Imagina el desorden de pensamientos que día tras día pululan en tu cerebro. Son incontables, sobra decir. Es como entrar en una habitación desordenada. Cuando incorporamos a nuestra vida el hábito de la escritura, verbalizamos esos pensamientos o reflexiones. No necesariamente tienes que escribir cosas profundas. Eso murió con André Gide. Limítate a trasladar al lenguaje de las palabras lo que sientes, o sentiste, durante distintas etapas del día, e incluso de tu vida.

Capítulo 14

¿Por qué es tan importante saber y entender la persuasión?

Este capítulo puede ser tomado como la continuación del capítulo 5, donde me referí a las principales diferencias conceptuales y prácticas entre los conceptos *persuasión* y *manipulación*. En aquel momento, utilicé la siguiente definición para tipificar lo que representa, en líneas generales, la persuasión: habilidad para convencer a otros. En un mundo tan cambiante y lleno de competitividades de todo tipo, es más que necesario desarrollar la destreza de la persuasión. Esta, mayormente utilizada por profesionales de las ventas o de las ciencias políticas, es aplicable casi en cualquier ámbito de la vida misma. De hecho, cualquier evento que requiera el relacionamiento entre dos o más individuos es un escenario propicio para ponerla en práctica.

Busca profundizar en algunas de las características que hacen de la persuasión una herramienta que conviene conocer a profundidad. Esto, por dos razones esenciales:

1. Para no vernos influenciados por cualquier individuo.
2. Para ponerla en práctica en cualquiera de los posibles escenarios que nos plantea la vida.

Por ejemplo, si tú eres vendedor, necesitarás sí o sí ser persuasivo. Tu carrera dependerá exclusivamente de la capacidad que hayas desarrollado para convencer a otras personas de que el producto o servicio que comercializas es tan necesario como vital en sus vidas. En caso contrario, si no consigues ser persuasivo, no podrás alcanzar el éxito. Puede que esto suene un poco frívolo, pero tal como ha sido constituido el mundo en que hoy vivimos, la persuasión es fundamental.

Ahora, quien entiende cómo funciona la persuasión, difícilmente será influenciado por malas ideas o malas prácticas. Esto no quiere decir que te estés protegiendo de manipuladores emocionales, sino que repliegas todas tus defensas para evitar, por ejemplo, que te convenzan de comprar algo que en realidad no necesitas. Claro está, todos tenemos características asociables a un persuasor cualquiera. De hecho, es muy probable que, inconscientemente, hayamos persuadido a otros.

La cuestión aquí no es presentarte al persuasor como un monstruo mítico del que debes protegerte. Todo lo contrario, conforme entiendas la dinámica en que se mueve un persuasor, podrás reconocerlo con mayor facilidad y activarás tus defensas. También creo importante que te permitas la experiencia de conocer un poco más acerca de los beneficios de la persuasión y de cómo puedes convertirte en uno de ellos sin que esto implique renunciar a tus principios básicos.

En resumidas cuentas, la persuasión forma parte del día a día. Está en ti incluirla dentro de tus competencias diarias. En lo personal, creo que es una buena opción desde cualquier punto de vista. Tanto para entornos sociales como para desarrollarte más apropiadamente en un mundo profesional y voraz, en el que convencer a otros parece ser una necesidad medular.

¿Cómo mejorar tus habilidades persuasivas?

La persuasión tiene connotaciones negativas porque es asociada a la manipulación emocional o psicológica. Sin embargo, las diferencias son bastante claras en cuanto al fin. Mientras que los persuasores expertos quieren convencerte de algo (sin permitirse, por ello, ser invasivos), los manipuladores trabajan desde la deconstrucción: distorsionan tu visión del mundo a través de las emociones, para implementar las suyas. De manera que no es conveniente tomar la persuasión como algo intrínsecamente negativo.

Ahora, si lo que te interesa es mejorar tus posibilidades de éxito, tanto profesional como socialmente, estas son algunas técnicas o recomendaciones que deberás poner en práctica para mejorar tus habilidades persuasivas. ¿Estás listo?

Haz tu tarea.

Una de las características primordiales de los grandes persuasores es que hacen su tarea al dedil. Investigan todo cuanto sea necesario para conocer a su audiencia, el contexto y las circunstancias específicas en que entrarán en juego. Para persuadir a alguien debes establecer una credibilidad. Si, por el contrario, te muestras inseguro de lo que dices o de lo que intentas transmitir, la credibilidad se pierde y con ella tus posibilidades de éxito. Un buen persuasor domina el tema casi sin hablar. De hecho, se dice que la labor de un persuasor eficiente es precisamente escuchar con atención en lugar de disparar palabras por doquier.

El posicionamiento es algo (la percepción) que ocurre en la mente del mercado objetivo. Es la percepción agregada que el mercado tiene de una empresa, producto o servicio en particular en relación con sus percepciones de los competidores de la misma categoría. Sucederá tanto si la dirección de una empresa es proactiva, reactiva o pasiva respecto al proceso en curso de evolución de una posición. Pero una empresa puede influir positivamente en las percepciones a través de acciones estratégicas inteligentes.

En marketing, el posicionamiento ha llegado a significar el proceso por el que los profesionales del marketing intentan crear una imagen o identidad en la mente de su mercado objetivo para su producto, marca u organización. Es la "comparación competitiva relativa" que ocupa su producto en un mercado determinado, tal y como lo percibe el mercado objetivo.

El reposicionamiento implica cambiar la identidad de un producto, en relación con la identidad de los productos de la competencia, en la mente colectiva del mercado objetivo.

El desposicionamiento consiste en intentar cambiar la identidad de los productos de la competencia, en relación con la identidad de su propio producto, en la mente colectiva del mercado objetivo.

¿Qué siete conceptos son fundamentales para el posicionamiento de la marca?

1. La percepción (la de ellos, no la tuya)
2. Diferenciación
3. Competencia
4. Especialización
5. Simplicidad
6. Liderazgo
7. Realidad

Para vender conceptos, productos y servicios, los profesionales del marketing tienen que entender cómo funciona la mente:

1. La mente es un contenedor limitado.
2. La mente crea "escaleras de productos" para cada categoría (coches, pasta de dientes, servicios de contabilidad, hamburguesas, etc.) Siempre hay un peldaño superior y otro inferior en cada categoría.
3. La mente sólo puede recordar siete elementos en una categoría de alto interés. La mayoría de las personas sólo recuerdan dos o tres elementos de una categoría.
4. En la escala de productos, las posiciones uno y dos suelen representar más del 60% de las ventas de esa categoría. En otras palabras, las Posiciones Tres, Cuatro y Posteriores no son rentables.
5. La mente odia la complejidad. Para la mente, la complejidad es igual a la confusión. La gente no tiene tiempo para entender la confusión.
6. La mejor manera de entrar en la mente es SIMPLIFICAR en exceso el mensaje.
7. El posicionamiento más poderoso es reducir tu mensaje a una palabra simple y fácil de entender.
8. Las mentes son inseguras. La mayoría de la gente compra lo que otros compran: es la "mentalidad de rebaño".

9. Las mentes no cambian fácilmente.

Aférrate a los puntos en común.

Una vez hallados los puntos en común, aférrate a ellos como si se te fuera la vida. Para nadie es un secreto que las personas se sienten más cómodas cuando hablan de cosas que conocen, de temas que dominan a la perfección, de anécdotas que involucraron para ellos emociones fuertes e inolvidables. Hablar sobre áreas similares de experiencia puede abrirte todas las puertas necesarias de todas las personas que quieras. Esto significa establecer un terreno sólido para transmitir tu idea.

Sé empático.

Hay una historia sobre dos escépticos que asistieron a un taller de curación de la nueva era. El taller les pareció ridículo y poco científico. Cuando los organizadores del taller aceptaron preguntas, uno de los participantes preguntó si el proceso de curación que vendían curaría el insomnio. Dijeron que sí. Otro preguntó si le ayudaría a mantenerse despierto durante más tiempo. Dijeron que sí. Los escépticos se levantaron y señalaron que era imposible que el mismo proceso ayudara a alguien a mantenerse despierto y a dormirse. Procedieron a desmentir las afirmaciones de los organizadores.

Al final del seminario, había el doble de inscripciones que de costumbre.

Cuando los escépticos preguntaron a los asistentes -¿por qué os habéis apuntado si lo hemos desmentido todo? - se enteraron de que los asistentes tenían problemas reales. Uno de ellos sufría dolores físicos por no poder dormir. No quería que lo convencieran de algo que podría tratar su problema. Aunque los argumentos de los escépticos eran válidos, esos argumentos no resolverían sus problemas. El método de curación podría hacerlo. Esto no era un ejercicio filosófico para los asistentes. Tenían un dolor real.

En otras palabras, aunque sus argumentos eran sólidos, los escépticos no habían empatizado con las personas a las que se dirigían.

Nada cultiva más a alguien que la empatía. A menudo, cuando conocemos a alguien que es capaz de salirse de sí mismo y de ponerse en los zapatos del otro, le damos toda nuestra atención. Este rasgo de personalidad es una pequeña perla preciosa en cada uno de nosotros. No olvides que un persuasor no es más que alguien que busca ofrecer una solución. En este sentido, ¿cómo puede alguien solucionar determinada problemática si no se muestra *comprometido* con la misma? Esta es la esencia de la persuasión: la empatía.

Áreas donde la persuasión es un requisito imprescindible.

Es bien sabido que la capacidad de convencer a otros de nuestras ideas o planes es fundamental en muchos ámbitos de la vida. Desde temas académicos, pasando por la vida profesional o hablando de nuestro relacionamiento con los otros miembros de la sociedad. Independientemente de nuestra área de interés o profesionalización, la capacidad de persuadir a los demás adquiere especial importancia cuando lo hacemos desde la ética. No olvides que lo que diferencia a la persuasión de la manipulación es que en esta última se busca imponer una visión del mundo, mientras que quien persuade solo quiere convencer sin que esto implique una colonización del otro.

De tal modo que esta competencia de *convencer a los demás* es especialmente importante en algunos sectores específicos. Al margen de su relevancia en el contrato social, la persuasión funciona como un eje vital en áreas muy variadas. ¿Qué te parece si hablamos de algunos ejemplos clásicos y tangibles?

Las ventas.

No cabe duda alguna de que un buen vendedor es, por naturaleza, alguien que ha desarrollado un nivel óptimo de persuasión. Esto se debe a que el sector comercial busca, y analiza, a sus audiencias en términos de necesidades y posibles soluciones. Sin haber estudiado tu mercado, resultaría prácticamente imposible discernir qué necesidades buscan satisfacer y de qué manera hacerlo. Es en este punto donde la persuasión se vuelve la llave maestra del vendedor. No existe posibilidad alguna de que un vendedor consiga indicadores de éxito si no sabe hacer uso de la persuasión como principal arma comercial.

Además, si se tiene en cuenta que las ventas son la profesión universal, adquiere mayor relevancia su eficiencia. He conocido profesionales en el área de las nuevas tecnologías que, contrario a lo que pudiera creerse, han desarrollado una carrera basada en la comercialización. Y esta no es una excepción a la regla. La realidad es que todas las áreas productivas del mundo requieren, en distintos niveles, ser vendidas. Da igual si hablamos de las ciencias exactas, de la medicina, de las artes o de la ingeniería. Independientemente de la profesión, las ventas son el punto vinculante con el resto de la sociedad. Entendiendo esto, se hace evidente que todas las herramientas o habilidades que apunten a su efectividad son importantes. La persuasión, en este sentido, es una de las grandes protagonistas.

Mercadeo y publicidad.

¿Quién no ha quedado prendado de una campaña comercial al punto de salir corriendo a verificar si lo ofrecido es realmente tal como lo plantean? El marketing y la publicidad no sobrevivirían sin la portentosa capacidad persuasiva de sus grandes profesionales. En un mundo donde el consumo es la moneda de cambio diaria, era necesario estudiar todas las fórmulas posibles para garantizar un impacto significativo en todas las formas de marketing y publicidad. Desde tiempos inmemoriales, la persuasión ha sido el elemento clave en estos procesos.

Lo has pensado, supongo. ¿Qué hace que una campaña publicitaria sea exitosa? El hecho de que sus especialistas hablen desde la empatía. Para algunos, esto puede ser una forma de frivolidad, y en cierto modo lo es, pero no es para una nada un elemento de coacción. El efecto de la publicidad en nosotros pasa por "facilitarnos" la aceptación de una necesidad. Una necesidad que, en condiciones normales, no habríamos identificado. Posteriormente, nos ofrecen la solución. Esto hace que la correlación entre marketing y ventas sea incuestionable. Ambos trabajan hacia el mismo fin: convencernos. Por un lado, la publicidad quiere arraigarse en nosotros; por el otro, las ventas capitalizan el proceso iniciado por el marketing y la publicidad.

El liderazgo.

Da igual si eres el vicepresidente de una empresa de tecnología o de una cadena funeraria, siempre necesitarás establecer una comunicación efectiva y funcional con todos los miembros que componen tu grupo de trabajo. Sin este elemento, te convertirías en un tirano que impone actividades y responsabilidades desde la autocracia, no desde el liderazgo genuino. Es por ello que la persuasión se ha convertido, en los últimos años, en materia de estudio y análisis para los grandes oradores del crecimiento profesional y el liderazgo de grupos de trabajo.

Nada fomenta mejores resultados corporativos que un líder que sabe transmitir ideas desde la comunicación, sin pisotear a nadie y estableciendo mecanismos de retroalimentación constante. Los colaboradores agradecen a los líderes persuasivos porque, en muchos casos, les convencen de lograr objetivos que en condiciones normales no habrían creído posibles. Esto, desde un contexto de cohesión absoluta entre todos los elementos del grupo de trabajo. Ahora bien, cuando se habla de liderazgo no me refiero únicamente al que se establece en una organización empresarial. Por ejemplo, en la política también aplica la persuasión

como llave maestra. Un político que no es persuasor por naturaleza está condenado al ostracismo más radical. Porque, en esencia, todo se trata de la comunicación.

Conviértete en el persuasor ideal.

Puedes dar el paso definitivo. Una vez comprendido el significado
de la persuasión y cuál es su importancia en la vida, estarás listo
no solo para mejorar tus habilidades comunicativas sino para
identificar a los manipuladores de oficio que van mucho más allá
de convencerte de algo. No olvides que quien persuade quiere
convencerte y quien manipula solo busca destruirte como persona a través de las emociones. En este sentido, convertirte en
el persuasor ideal es una defensa muy efectiva contra este tipo
de victimarios que rondan en cada esquina, como depredadores,
a la espera de personas vulnerables sobre las que dejar caer el
peso de sus inseguridades.

Capítulo 15

Los principios de la persuasión de Cialdini.

No se puede hablar de persuasión sin tener en cuenta, y sin hacer especial referencia, a Robert B. Cialdini, portentoso psicólogo y profesor universitario que ha teorizado durante buena parte de su carrera en torno a este tema tan complejo y maravilloso. El aporte de sus investigaciones al tema de la persuasión ha levantado revuelo, al tiempo que ha transformado la forma en cómo concebimos su trascendencia en cualquier esfera de la acción social.

Dicho esto, pretendo mostrarte la esencia de su obra científica en el campo de la psicología, así como uno de los aportes más relevantes de las últimas décadas en términos de autoconocimiento y perfeccionamiento de nuestras habilidades persuasivas: los 6 principios de Cialdini.

Además, te enseñaré algunas tácticas infalibles para incluir estos 6 principios esenciales en tu vida diaria. Está claro que quien tenga el anhelo de alcanzar la felicidad y la plenitud, ha de fortalecer ciertos aspectos de su vida, entre ellos el de la capacidad de comunicarnos efectivamente al tiempo que convencemos a los demás sin apropiarnos de cosmovisiones ajenas. De allí la importancia de estudiar los 6 principios propuestos por el doctor Cialdini.

Es increíble cuánto podemos lograr si nos habituamos a esta competencia y la tomamos como una actividad común en nuestro sistema de conductas. Hacia esa meta pretendo dirigirte. ¿Quieres conocer más acerca de esta teoría que transformó la forma en que convencemos a los demás? Entonces te invito a que continúes la lectura.

Los 6 principios de Cialdini.

Los 6 principios de Cialdini son el resultado de la larga trayectoria del doctor Cialdini en la investigación de cómo funciona la persuasión y la influencia entre los seres humanos. Pero, si buscamos ser más específicos, Cialdini saltó a la fama mundial tras la publicación de su libro *Influencia. La psicología de la persuasión*, que vio la luz en 1984. El propio autor ha dicho en multitud de entrevistas que, para llevar a cabo la investigación que luego resultaría en el libro, tuvo que trabajar por tres años en distintos tipos de negocios. De esta manera, la investigación de campo le valió la idea que posteriormente trasladaría al papel.

Cialdini configura su teoría a partir de 6 principios neurálgicos en todo proceso de persuasión. Estos son:

1. Reciprocidad.
2. Coherencia y compromiso.
3. Prueba social.
4. Autoridad.
5. Simpatía.
6. Escasez.

En el prólogo de su libro *Influencia: ciencia y práctica*, Cialdini hace referencia a sus motivaciones más primarias:

> Deseaba saber por qué una petición formulada de determinada manera es rechazada, mientras que otra petición con el mismo contenido, pero planteada de una forma ligeramente diferente era atendida. Por ello, en mi calidad de psicólogo social experimental, empecé a estudiar la psicología de la sumisión. La investigación tomó inicialmente la forma de experimentos, realizados en su mayor parte en mi laboratorio y con estudiantes universitarios. Deseaba averiguar qué principios psicológicos influyen en la tendencia a acceder a una petición. Ahora los psicólogos saben ya algo de estos principios, de su naturaleza y su funcionamiento.

Los he clasificado como armas de influencia.

Pero, ¿cuál es el significado de cada uno de estos principios, de estas armas de influencia? A continuación, algunas consideraciones relacionadas a los 6 principios del doctor Robert B. Cialdini.

Reciprocidad.

El principio de la reciprocidad tiene que ver con nuestra necesidad y obligación de devolver un favor. Sí, todos disponemos de esta característica en nuestra personalidad, algunos mejor desarrollados que otros, pero es un denominador común en los seres humanos. De forma inconsciente, cuando recibimos una ayuda queremos compensar a quien se comportó tan generosamente con nosotros. A menudo buscamos distintas formas de devolver la ayuda, de esta forma pretendemos manifestar agradecimiento y consolidar cierto vínculo de confianza entre los participantes.

La historia de Etiopía que donó 5.000 dólares de ayuda en el 1985 a México para socorrer a las víctimas de los terremotos de ese año en Ciudad de México, a pesar de las enormes necesidades del propio país.

"El dinero se enviaba porque México había enviado ayuda a Etiopía en el 1935, cuando fue invadida por Italia... La necesidad de corresponder había trascendido las grandes diferencias culturales, las largas distancias, la hambruna aguda y el interés propio inmediato. contra todas las fuerzas contrarias, triunfó la obligación".

Alguien nos hace un favor y automáticamente (como si se tratase de un pequeño mecanismo incontrolable en nuestro cerebro) le debemos un favor a ese alguien. En este contexto, sobra decir que es más probable que las personas acepten ideas o propuestas de quien les haya brindado ayuda en el pasado.

Aplicar la reciprocidad:

- Cuenta una historia que, en sí misma, invoque la reciprocidad: una historia que sea convincente y aporte un valor genuino a la audiencia. Una buena historia que conecte con el público hará que éste se sienta más inclinado a escuchar y a actuar según su mensaje.
- Se vulnerable. Comparte una historia de un momento embarazoso o de un fracaso que tenga un final feliz, para provocar que el público quiera corresponder y estar atento y ser real con contigo.

Coherencia y compromiso.

El segundo principio consiste en ser siempre coherentes entre lo que hemos dicho y lo que hacemos. Seguramente has escuchado un trillón de veces esa frase de "somos lo que hacemos". Y es que, en efecto, no existe un mejor indicador de nuestras intenciones o de nuestra personalidad que esas actitudes (pequeñas o grandes), mediante las cuales nuestra mente subconsciente se manifiesta al mundo exterior. Un buen persuasor busca sentirse bien consigo mismo y quiere que los demás lo evalúen de esa manera.

Los chinos utilizaban tácticas de compromiso y coherencia para conseguir que los prisioneros estadounidenses colaboraran con el enemigo de una u otra forma. La idea era empezar con algo pequeño, con peticiones menores.

"A los prisioneros se les pedía con frecuencia que hicieran declaraciones tan levemente antiamericanas o procomunistas que parecían intrascendentes ('Estados Unidos no es perfecto'. 'En un país comunista, el desempleo no es un problema'). Pero una vez que se cumplían estas peticiones menores, los hombres se veían empujados a someterse a peticiones conexas aún más sustanciales.

...Una vez que se había explicado así, se le pedía que hiciera una lista de estos 'problemas con Estados Unidos' y que firmara en ella. Más tarde se le pedirá que lea su lista en un grupo de discusión con otros presos. Después de todo, es lo que realmente crees, ¿no? De repente se encontraría con que era un "colaborador", que había prestado ayuda al enemigo".

Para nadie es un secreto que una persona que mantiene un alto nivel de consistencia entre lo que hace y lo dicho en el pasado es alguien que inspira confianza. Este principio se ve claramente reflejado en el consumidor estándar. Se sabe que una persona tiende a realizar determinada actividad que ya ha hecho en el pasado. Esta es la razón por la que el principio de compromiso y consistencia es tan bien capitalizado por los vendedores profesionales en la actualidad.

Aplicar el compromiso y la coherencia:

- Señala las creencias que tiene el público o los compromisos que ha contraído. Y luego habla de cómo su estado actual no es coherente con sus compromisos (lo que les hace sentir mucha tensión), pero tú tienes la solución para ayudarles a volver al buen camino y resolver la tensión.
- Obtenga el "Sí" a una pequeña petición y luego aumente a partir de ahí.
- Consiga un compromiso por adelantado: Si pudiera... ¿lo haría? Si pudiera mostrarte/ahorrarte dinero/etc., ¿lo harías?
- Consiga que el cliente potencial exponga sus objetivos y expectativas en relación con tu producto y, a continuación, cuenta una historia que enmarque tu producto/servicio de forma que se ajuste a esos objetivos.

Prueba social.

El principio de la prueba social (también conocido como principio de consenso) parte de una premisa sencilla y fácilmente reconocible: la tendencia de las personas en sumarse a los demás. Este principio explica la expansión de ciertas modas o tendencias a lo largo del planeta tierra. ¿Te has preguntado alguna vez por qué un centenar de personas avanzan en tropel hacia la última tienda para adquirir ese producto que ha ganado tanta resonancia, por ejemplo, en Europa? Por naturaleza, las personas muestran un mayor interés por algún artículo, producto o comportamiento que ha "superado" la prueba social.

Sé que, si estuviera buscando un nuevo juego de cartas, me sentiría mucho más inclinado a comprar después de ver que el producto tiene más de 30.000 opiniones de cinco estrellas.

Me quita de encima la necesidad de investigar: puedes confiar en que las grandes cifras que respaldan la compra significan que el vendedor vende el artículo tal y como se describe y cumple las expectativas de otros consumidores. Es más probable que compre porque otras personas han comprado en pasado.

Notificaciones en línea para crear urgencia;

Si alguna vez has estado en el proceso de reservar un vuelo, habrás notado una herramienta sutil pero eficaz que las aerolíneas utilizan para animarte a hacer una compra rápida. A medida que avanzas en el proceso de compra, el sitio te avisará si queda un número limitado de asientos en el avión.

En el caso anterior, United Airlines utiliza las notificaciones de "1 asiento libre" y "3 asientos libres" como prueba social de que el vuelo que estás mirando es popular, lo que estimula la acción por parte del usuario.

En resumidas cuentas, si ellos lo hacen, yo también quiero hacerlo.

Aplicar la prueba social:

- Al poner en marcha una nueva iniciativa, cuenta historias sobre la experiencia de los "empleados-embajadores" con su adaptación al nuevo sistema de software, o a los modelos de vehículos de la empresa, etc. Mejor aún, haz que cuenten su propia historia como campeones del cambio.
- Recoge y comparte testimonios de clientes e historias de éxito.

Incluye investigaciones y datos interesantes que sugieran una prueba social.

Autoridad.

El cuarto principio (principio de autoridad) está relacionado con la tendencia de las personas por seguir a figuras que reconocen como autoridades. Aunque parezca contradictorio o problemático, las personas siguen figuras de autoridad, aunque esto implique realizar actividades que no les resulten del todo cómodas. Este principio se pone a prueba en encrucijadas donde no tenemos la confianza para tomar una decisión de contingencia. En momentos como estos, no seguiremos a un niño o a una persona desequilibrada. Usualmente, seguimos el paso de quien para nosotros represente una autoridad. Personas carismáticas o que impongan su conocimiento en un área que nos es desconocida.

Los médicos, los profesores, los líderes religiosos, los bomberos, la policía y los oficiales del ejército, ¿qué tienen en común estas personas? Ocupan puestos de autoridad y son personas a las que los demás tienden a respetar porque la naturaleza humana tiende a respetar y obedecer automáticamente a la autoridad. Confiamos en lo que nos dice el médico. Cuando un policía nos dice que hagamos algo, lo hacemos. Creemos lo que nos enseñan nuestros profesores. Confiamos en personas con conocimientos o formación superiores en un área específica.

Uno de los activadores es la estética: cómo te presentas ante los demás. La estética tiene un impacto directo en cómo te perciben los demás. Para que te perciban como una autoridad, empieza por parecerlo.

Conducir un coche elegante y llevar ropa cara son señales que comunican que alguien tiene un estatus elevado. La persona es una autoridad legítima en algo, pero no necesita tener un aspecto elegante para que le tomen más en serio como líder en su organización. Simplemente, vístete para triunfar. Conduzca un vehículo bien mantenido. Mantén tu pelo aseado y presta atención a tu higiene personal. No estás siendo superficial. Estas cosas comunican autoridad.

Aunque la estética es más importante durante la primera impresión, también marca la diferencia para tus empleados a largo plazo. Si tienes un aspecto elegante, tus empleados te percibirán como alguien preparado. Tendrán más confianza en ti y será más probable que te sigan. Así es como está conectado nuestro cerebro. Además, si presta atención a la estética, aumentará tu propia confianza.

Aplicar la autoridad:

- Demuestra que tienes la experiencia y las credenciales adecuadas para contar la historia. Haz referencia a los logros que sean relevantes para tu audiencia. Por ejemplo, si vas a hacer una presentación a un inversor para tu startup, querrás destacar cosas como: haber recaudado 100 millones de dólares en capital riesgo, haber vendido la empresa anterior por 500 millones de dólares, haber escrito un libro superventas, haber obtenido un doctorado, etc.
- Conviértete en un líder de opinión con artículos y libros publicados, que aumentan tu exposición y credibilidad en el mercado.

Simpatía.

Es un principio básico del comportamiento humano. Cuando alguien nos gusta o nos resulta especialmente simpático, permitiremos el contacto suficiente como para que se presenten los primeros elementos de persuasión. Este tipo de simpatía puede provenir desde un enfoque superficial o profundo. Por ejemplo, cuando estamos conversando con alguien con quien compartimos la pasión por los vehículos antiguos, es más probable que esta persona nos persuada de tomar ciertas decisiones. Aunque, claro, este principio también aplica en el caso de simpatía física.

Un experimento realizado con hombres en Carolina del Norte, muestra lo indefensos que podemos ser ante los elogios. Se obtuvieron tres conclusiones interesantes.

En primer lugar, el evaluador que sólo proporcionaba elogios era el que más gustaba a los hombres. En segundo lugar, esto fue así a pesar de que los hombres se daban cuenta de que el adulador se beneficiaba de su agrado. Por último, a diferencia de los otros tipos de comentarios, el elogio puro no tenía que ser preciso para funcionar.

Los comentarios positivos producían tanta simpatía por el adulador cuando eran falsos como cuando eran verdaderos".

Por ejemplo, si esa vendedora que te abordó hace dos días te resultó impactantemente hermosa, es probable que inconscientemente estés esperando su llamada para concretar ese negocio que estuvo mencionándote por treinta minutos.

Aplicar la simpatía:

- Aprovecha los puntos en común con tu público. ¿Conoces a algunas de las mismas personas? ¿Son de la misma ciudad o región? ¿Asistieron a la misma escuela? ¿Participáis en los mismos grupos? ¿Participan en aficiones similares? ¿Comparten prácticas religiosas?
- Utiliza un discurso civilizado cuando tengas que defenderte de palabra o por escrito para rebajar la tensión y crear la oportunidad de resolverla.

Escasez.

El principio de la escasez es, quizá, el más reconocido en la historia. Como su nombre lo indica, este principio está relacionado con el comportamiento humano más básico. Si no tenemos algo, entonces lo querremos más apasionadamente. En esencia, cuando hay menos disponibilidad de algo, aumenta su valor en nuestros deseos. Por ejemplo, el valor que una bebida refrescante o energética tiene para ti varía de acuerdo al escenario en que te encuentres. Supongamos que estás deshidratado porque te quedaste sin combustible en medio del desierto.

En estos casos, pagarías incluso tres veces el precio habitual de esa bebida, porque la necesitas. Pero, si estás en tu casa y tienes la opción de acercarte a la cocina y servirte un vaso con agua, entonces no tendrás una sensación de urgencia en relación a la bebida energética.

"¡Sólo con invitación!"

SocialCam - Lanzó la aplicación a un pequeño grupo de personas y consiguió un millón de usuarios en cuatro meses.

Cuando Justin Kan lanzó SocialCam en marzo de 2011, se centró en abrirla a un grupo seleccionado de personas, que luego podrían invitar a otras.

Dijo "Empezamos con un núcleo de usuarios que pensamos que lo extenderían a todo el mundo".

Gracias a esta estrategia, consiguieron más de un millón de usuarios en cuatro meses. Superaron los 16 millones de descargas en julio de 2012 y fue adquirida por Autodesk por 60 millones de dólares.

Así funciona el principio de escasez.

Aplicar la escasez:

- Enmarca tu historia o tu argumento en términos de lo que el público puede perder si no actúa inmediatamente.
- Habla de todo lo que está en juego y explica por qué se acaba el tiempo, por qué es tan urgente.
- Cuenta historias de otras personas que no actuaron a tiempo en un tema concreto y lo que les ocurrió como resultado.
- Fija una fecha límite con tu llamada a la acción.

Cialdini como estilo de vida

Independientemente de cuál sea tu profesión o a lo que te dediques, de tu situación actual o de lo que desees obtener en tu vida, estos 6 principios de persuasión te ayudarán a dar pasos gigantescos en el sentido que así tú determines. Las habilidades sociales son fundamentales por dos razones. En primer lugar, porque somos animales sociales, lo que sugiere que el éxito en nuestras vidas está atado a la forma en que nos relacionamos con nuestro entorno. Y, en segundo lugar, porque con la práctica y el enfoque adecuado, la persuasión se transforma en un arma de vital trascendencia en términos de influir y entender la toma de decisión de los demás.

En este sentido, soy un ávido creyente de incluir estos principios de Cialdini en el día a día. Conforme aceptemos el trabajo de Cialdini como estilo de vida, obtendremos resultados maravillosos en ámbitos tan distintos como el trabajo o las relaciones románticas. Ahora bien, ¿qué crees que sucede con alguien que desconoce y no aplica estos principios? Lógicamente, no sabrá identificar cuando otros los aplican contra sí, de manera que son más propensos a ser persuadidos. Si bien es cierto que la persuasión no es intrínsecamente negativa, el hecho de que seamos vulnerables a ella es indicador de algo más profundo y potencialmente preocupante: somos vulnerables a manipulaciones de índole emocional o psicológica. Y ese sí es un problema contra el que tenemos que enfrentarnos con entereza.

Capítulo 16

¿Cómo se desarrolla el comportamiento de un manipulador?

Sin duda alguna es una de las preguntas que más nos intrigan, por esto pretendo que te adentres aún más en la mente de un manipulador estándar ¿Cuáles son las características más o menos comunes en el comportamiento de estos individuos? ¿Existe una explicación neurológica? Todas estas preguntas forman parte de la esencia medular del capítulo que estás por leer. A menudo me he encontrado con personas que han transitado por tortuosos caminos como víctimas de la manipulación mental o emocional.

Existen algunos rasgos característicos para identificar qué tipo de personas son más vulnerables a este tipo de abuso (este tema se trató más ampliamente en el capítulo 10, *Víctimas de los manipuladores*). Estos detalles de personalidad nos han permitido diseñar una clasificación estándar de qué hace que determinado individuo resulte "atractivo" para un maestro de la manipulación. Si bien es cierto que toda investigación supone constantes nuevos hallazgos, la esencia ya ha sido significativamente definida por la ciencia y sus especialistas.

¿Existe algún denominador común que nos permita identificar a alguien con una tendencia ciega hacia este tipo de conductas mezquinas y sociópatas? Está claro que este tema debe ser considerado con mucha atención.

Te pido, en este sentido, que saques todo el provecho posible para que mis experiencias y conocimientos te lleven a construir un muro contra la manipulación que sea lo suficientemente alto y sólido como para protegerte de todo mal. No olvides, pues, que quien sabe identificar a estos maestros tendrá, a su vez, algunos pasos de ventaja en relación al resto.

¿Todos somos manipuladores mentales?

Existe la creencia de que los manipuladores son, por así decirlo, depredadores *desde* la genética. En otras palabras, hay quienes tienen la certeza de que todos estos comportamientos propios de los manipuladores provienen de una patología subyacente. Algún trastorno mental, quizás. La única respuesta a estas suposiciones es... no. No existe una correlación científicamente comprobada entre un trastorno de personalidad y el comportamiento de un manipulador. Si bien es cierto que, en muchos casos, los trastornos representan ciertas tendencias, esto no quiere decir que el individuo sea un manipulador de acuerdo a su conformación genética o neurológica.

Existen personas con características narcisistas, rasgos maquiavélicos o de psicopatía. Esto, en sí, no representa evidencia alguna de que estemos frente a un manipulador. En resumidas cuentas, todos los manipuladores son narcisistas o maquiavélicos, pero no todos los narcisistas son manipuladores. Aquí se extiende una brecha que, en la actualidad, sigue siendo material de estudio para los especialistas en el mundo del comportamiento humano. Hasta el momento, la ciencia no ha llegado a un consenso definitivo, pero sí existen "realidades estadísticas". Una de ellas es que la mayoría de los maestros manipuladores comparten rasgos como:

- Narcisismo.
- Maquiavelismo.
- Sadismo.
- Psicopatía.

El escritor Alejandro Mendoza, en su libro *Manipulación y Psicología Oscura*, dice lo siguiente:

> Los Depredadores vienen en diferentes formas y tamaños; hay acosadores, criminales, pervertidos, terroristas, matones, estafadores e incluso trolls. No importa qué tipo de depredadores sean, todos tienden a ser conscientes de que están dañando a

otros. También tienden a hacer todo lo posible para cubrir sus huellas, lo que significa que no quieren que las personas que los conocen en la vida real descubran que tienen un lado oscuro.

Ahora, una vez aclarado este punto, surge una pregunta, creo que igual de importante: ¿todos somos manipuladores mentales? En efecto. Cada individuo sobre la faz de la tierra puede convertirse en un manipulador mental si se dan algunas circunstancias específicas. Por ejemplo, el maquiavelismo es un rasgo hereditario que podría intensificarse gracias al entorno familiar y social. Existen distintos trastornos de personalidad, estos pueden devenir en dificultades como: ansiedad, disociación, sentimientos de culpa, depresión e incluso ataques de pánico. En muchos casos, quien padece algún trastorno de personalidad puede terminar ejecutando acciones maquiavélicas.

La verdad es que todos somos potencialmente manipuladores. Mucho tiene que ver con cómo reaccionamos ante las circunstancias negativas o ante el estrés que estas suponen. Lo imprescindible, en este sentido, es que te desprendas de prejuicios. Conforme aceptes que la mente humana es tan subjetiva y compleja como clasificable en cánones rígidos, te harás más consciente de que incluso tú puedes ser un manipulador mental si se dan las condiciones adecuadas. Saber esto, créeme, te ayudará a cuidarte mejor para que ese día no llegue jamás.

Escenarios que fomentan comportamientos manipuladores

Como es bien sabido, cada cabeza es un mundo. Esta frase contiene tanta verdad como hojas en un árbol milenario. Por ejemplo, se sabe que una persona que atravesó una infancia difícil, llena de abusos psicológicos, físicos y emocionales, tiene una mayor probabilidad de convertirse en un adulto manipulador. Esto se debe a que, en su mente subconsciente, no quiere volver a desempeñar el papel de alguien débil, por lo que cada una de sus relaciones sociales está orientada a garantizar una "autoridad" que, a su vez, subyuga a la otra persona.

También puede darse el caso de que alguien entre al juego de la manipulación emocional como una respuesta inmediata a un evento traumático: un divorcio, la bancarrota de su empresa, por citar solo dos ejemplos. Estas personas no necesariamente comparten algunas de las características mencionadas en el segmento anterior (narcisismo, maquiavelismo, sadismo, psicopatía), sino que actúan desde una emoción negativa muy fuerte que ha supuesto un debilitamiento de sus razonamientos críticos. En estos casos, el individuo ejerce la manipulación con la certeza de que es el método más efectivo para defenderse. Lo que, a su vez, implica consecuencias palpables en las demás personas.

No obstante, existen otras opciones que pueden repercutir en el comportamiento de una persona, facilitando así su transformación en un maestro de la manipulación. Otro de los ejemplos más comunes sucede cuando nos vemos forzados por un escenario específico. Estas condiciones excepcionales pueden llevarnos a saltarnos códigos relativamente éticos para no perder algo. Por ejemplo, cuando una pareja está atravesando un proceso de divorcio, es muy común que ambas partes busquen ganar la lealtad de los hijos, entendiendo que estos tendrán protagonismo en las siguientes etapas del proceso judicial. Si bien esto no implica necesariamente una tendencia manipuladora por parte de los padres, son conductas específicas que buscan dislocar el criterio propio de los infantes en aras de un beneficio personal (manutención, custodia, entre otras).

Sea cual fuere el escenario, este puede tener una incidencia significativa en los cambios conductuales de una persona. Bien sea por miedo, por asimilación de un evento traumático o por condicionamientos adquiridos en el pasado, el manipulador es capaz de entrar en el juego del control emocional por diversos factores. Ahora bien, lo realmente importante es entender que esto no se trata de una fórmula exacta. No todos reaccionamos del mismo modo a la misma situación.

Características propias de un manipulador

Siguiendo este orden de ideas, creo pertinente integrar al debate el tema de las características. Todo manipulador posee una serie de rasgos distintivos o conductas comunes que deben ser estudiadas para evitar caer en cualquier dinámica orientada a socavar nuestro criterio propio. Después de todo, nadie quiere que su visión del mundo sea sustituida por la de alguien más a fuerza de tácticas o comportamientos invasivos.

las tres características conductuales típicas en un maestro de la manipulación. Conocer esta información te será de gran ayuda para enarbolar estrategias que minimicen sus efectos en tu vida. ¿Estás preparado?

Los manipuladores son expertos en las verdades a medias.

Para nadie es un secreto que los maestros de la manipulación tienen un doctorado en habilidades sociales. Son expertos en distorsionar el lenguaje, torciéndolo de manera tal que no somos capaces de percibirlo. Esto implica muchas veces jugar la carta de las verdades a medias. Ellos saben distorsionar el mensaje para que este siempre les favorezca. De allí la importancia de entender este mecanismo y establecer estrategias defensivas como ser enfático o documentar conversaciones importantes.

Este último escudo es, a mi parecer, una táctica infalible porque elimina en su totalidad las excusas (ese típico salvavidas de los manipuladores). De esta manera, ganarás la batalla del "no fue lo que dije", que ha servido de llave maestra para estos individuos durante mucho tiempo.

Los manipuladores saben cómo presionarte.

Los manipuladores y los vendedores comparten este método:

son capaces de presionarte de tal manera, con tal intensidad, hasta que te rompas y tomes una decisión que seguramente le favorecerá. Ellos saben cómo presionarte, cómo volcar sobre tus hombros todo el peso de algo que no estás seguro de soportar. Pero, ¿por qué es tan efectiva esta técnica? Porque nadie quiere sentirse presionado. Son pocas las personas que saben quitarse de encima a los insidiosos, pero la mayoría prefiere sacarse el peso de encima yendo por el camino rápido, que es precisamente el que les está ofreciendo su manipulador: tomar una decisión rápida para que no le sigan presionando.

Los manipuladores se victimizan.

Si de algo son capaces estos individuos es jugar la carta de la victimización. Todos hemos tenido la desdicha de ceder en una discusión solo porque el interlocutor ha puesto en marcha un concierto de estratagemas para tomar el papel de la víctima. Son capaces de inventar problemas personales, de llorar, de simular un ataque de nervios. Todos los recursos son válidos para sacarle provecho a la victimización. Esta es una característica inequívoca. Es, de hecho, señal universal de manipulación emocional o afectiva. Esto incluye mostrarse como un individuo frágil y débil, porque solo así consigue lo que se ha propuesto desde sus necesidades mezquinas.

3 técnicas básicas de manipulación psicológica

Solo estaremos seguros cuando hayamos comprendido, a profundidad, las motivaciones que contribuyen a ciertas conductas por parte de los manipuladores. Sin embargo, para robustecer este conocimiento, creo pertinente hablarte de 3 técnicas básicas de manipulación psicológica. Estos métodos, aplicados hasta el cansancio en la actualidad, representan la columna vertebral del maestro manipulador en términos conductuales. Ahora que ya sabemos cuáles son los disparadores que usualmente devienen en comportamientos manipuladores, ¿qué tal si hablamos un poco de las 3 técnicas más corrosivas y puestas en práctica por estos individuos?

Refuerzo positivo.

Según B.F. Skinner, especialista en la orientación conductista, el reforzamiento es un tipo de aprendizaje que se basa en la asociación por parte del individuo entre una acción y un resultado inmediato. En el caso del refuerzo positivo, esto implica asociación entre una conducta positiva y un premio a consecuencia de esta. La psicología ha descubierto que estos métodos de aprendizaje pueden tener resultados interesantes en la formación de un niño. No obstante, también es aplicado por parte de los manipuladores en sus diversas formas.

Asociación, es la palabra clave. Imagina que por mucho tiempo recibes una pequeña recompensa al limpiar tu escritorio. Cada vez que limpies tu escritorio tendrás tu chocolate preferido. ¿Qué crees que ocurrirá en tu mente? Pues que te verás motivado a mantener tu escritorio ordenado en todo momento porque así recibirás siempre el chocolate. Este ejemplo, aunque rudimentario, representa bastante bien lo que significa el refuerzo positivo. Ahora pregúntate, ¿has caído en estas dinámicas por parte de un manipulador?

Refuerzo negativo.

La contraparte del refuerzo positivo es, lógicamente, el negativo. Partiendo de la misma premisa (la asociación), el refuerzo negativo parte del hecho de que podemos cambiar nuestros patrones conductuales de forma inconsciente cuando asociamos un determinado acto con un castigo. Este tipo de manipulación lleva a las personas a sentirse obligadas a actuar de cierta forma para evitar la consecuencia de dicho comportamiento. Esto ocurre de forma "voluntaria". A diferencia de un castigo tradicional, en el refuerzo negativo se busca que la persona actúe desde su voluntad, que no es otra que escapar del castigo asociado. Podría ser definido como un chantaje psíquico.

Silencio.

Se trata de una de las técnicas de abuso emocional más comunes. Pero, ¿cómo es posible que alguien pueda manipularnos a través del silencio? Aunque parezca increíble, esto sucede con mayor frecuencia de la que quisiéramos creer. El silencio no es más que un mensaje que el manipulador envía al manipulado. Una traducción sensata sería "no te daré más mi atención hasta tanto hagas lo que yo diga". Está claro que esta forma de coacción tiene un gran impacto, principalmente en las relaciones sociales o románticas. Aunque, claro, no deja de ser un chantaje de magnitudes bíblicas. El hermano gemelo de la extorsión. También es importante aclarar que el silencio apunta a un tipo de víctima específico: el que ya está atrapado en un círculo de dependencia emocional. En cualquier otro caso, es una técnica poco efectiva.

Capítulo 17

Estrategias para leer el lenguaje corporal de las personas

Muchos especialistas de la programación neurolingüística (PNL) y el comportamiento humano han dedicado infinidad de recursos y tiempo en la investigación del cuerpo humano. Específicamente, del cuerpo humano como un patrón reconocible. Pero, ¿qué intento decir con esto? No te preocupes, es muy sencillo. Existen formas de leer a las personas; su lenguaje corporal, para ser más específicos.

La escritora Camila Díaz hace referencia a la importancia de entender el lenguaje corporal en su libro *La Ciencia del Lenguaje Corporal*:

> El uso de estas herramientas de lenguaje no verbal es un camino directo al éxito a través de la propia escucha y del cambio de pequeñas actitudes corporales. La mayor parte de estas actitudes corporales son aprendidas, y en este mundo rápido y en constante cambio es fundamental tener herramientas que te permitan responder apropiadamente a las situaciones que te encuentres en tu vida, tanto en los aspectos profesionales, sociales o de pareja.

Siguiendo lo afirmado por Camila Díaz, pretendo ayudarte a comprender, en primer lugar, cuán necesarias son las técnicas de lectura del lenguaje corporal y verbal de las personas en aras de saber qué pasa por sus mentes y, en consecuencia, adelantarnos a sus comportamientos externos. A continuación, estudiaremos tres ejes fundamentales:

a. La importancia de leer a las personas.
b. El lenguaje verbal.

c. El lenguaje corporal.

De acuerdo a estas bases podemos perfeccionar nuestro entendimiento de los otros. Este tipo de conocimientos ayuda en dos direcciones posibles. Primero, porque nos ayuda a relacionarnos mejor con quienes conforman nuestro entorno social. En segundo lugar, para poner en práctica una estrategia defensiva concebida desde la precaución. Al ser humano le cuesta reprimir las manifestaciones físicas de lo que acontece en las profundidades de su mente. De allí la importancia de interpretar adecuadamente todos estos factores.

Te sorprenderá saber que el lenguaje corporal dice mucho más que las palabras. En resumidas cuentas, las acciones representan un porcentaje mayor de lo que somos. Detectar las micro expresiones, los gestos, las posturas o la apariencia es fundamental en distintos puntos. Si bien es cierto que el lenguaje verbal constituye la base de nuestro relacionamiento como especies, existen mucho más. Lo que decimos es apenas la punta del iceberg. En las profundidades yacen muchas otras manifestaciones que solo unos pocos son capaces de entender. Tú, al término de este capítulo, formarás parte de esta relevante minoría.

Todo se concentra en una pregunta tan simple como trascendental: ¿quieres conocer todo aquello que la mente de las personas nos dice fuera del lenguaje verbal? ¿Imaginas cuáles son las ventajas de hacerte un experto en el lenguaje corporal?

El lenguaje verbal.

Hace algún tiempo conocí a una persona que aseguraba que el lenguaje es lo más cercano que podremos estar nunca de Dios. Así es. Esta persona, sorprendentemente exitosa en todos los objetivos que se ha trazado, me dijo que el lenguaje constituye cada uno de los avances que la humanidad ha alcanzado a lo largo de la historia. En cierto sentido, esta parece una aseveración irrefutable. Después de todo, ¿qué somos sin el lenguaje? A través de él podemos comunicarnos entre nosotros, conformar relaciones, erigir imperios y ayudar a los demás. En todo caso, su impresión me dejó pensando por mucho tiempo.

Da igual si hablamos de grandes líderes políticos, de figuras religiosas, organizaciones o profesionales exitosos. Siempre el lenguaje verbal es una herramienta fundamental en la consecución de los objetivos que nos planteamos como individuos. No en vano los grandes especialistas en el crecimiento personal o en el éxito empresarial (por citar solo dos ejemplos) han dedicado tantos años a transmitir la importancia de las habilidades sociales desde el enfoque comunicativo. Y esta necesidad tiene mucho sentido en un mundo globalizado, donde la comunicación ha mutado significativamente en sus *formas*, aunque manteniendo la esencia.

En la actualidad podemos participar en una reunión de hasta veinte o treinta personas a través de la tecnología. Las formas han cambiado con la llegada de las nuevas tecnologías, es cierto, pero la médula de estos procesos comunicativos sigue permaneciendo en el lenguaje. Tanto si participamos en un curso en línea como si asistimos a un salón henchido de alumnos, la herramienta primaria sigue siendo el lenguaje verbal. En cuanto a la comunicación tradicional, cara a cara, te recomiendo que pongas en práctica los siguientes consejos. Estas recomendaciones, tomadas como hábitos, representarán un avance considerable en cuanto a la efectividad de tus formas.

- Antes de decir una palabra, piensa lo que quieres decir.
- Habla con toda la claridad que te sea posible.
- Practica la escucha activa.

Ahora, el contacto cara a cara no es la única forma de comunicación, ¿verdad? El lenguaje escrito ha ganado puntos de importancia con la inclusión de nuevas plataformas tecnológicas como las redes sociales o cualquier otra plataforma de mensajería instantánea. Un correo electrónico, por ejemplo, ha de cumplir ciertos parámetros para que el mensaje llegue fuerte y claro a los interlocutores. De manera que, si quieres fortalecer tu comunicación escrita, estas son mis recomendaciones:

- ¿Personaliza tus escritos, busca cuáles son sus faltas, que están buscando?... ¡te estás dirigiendo a personas como tú!
- Sé claro y conciso.
- Imagina la reacción de tus interlocutores al leer tu mensaje.

Independientemente del ámbito en que apliques estas recomendaciones, conseguirás una comunicación efectiva y adecuada. Recuerda que el lenguaje verbal y escrito son los caminos comunes para relacionarnos con el resto. Si quieres ser un emprendedor exitoso, deberás desarrollar tus habilidades comunicativas. Si quieres ser presidente de tu país, también. Del mismo modo, si tu interés pasa por reconectarte con tu pareja sentimental. Sea cual fuere tu caso, el lenguaje adecuado puede facilitarte el camino hacia la plenitud.

Estrategias para leer el lenguaje corporal

Si antes te dije que el lenguaje es lo que nos diferencia de otras especies animales, ¿qué podría significar, entonces, la lectura del lenguaje corporal? No es un secreto que la mente humana tiene un conjunto de recovecos inexplorados, que esta se manifiesta a través de señales superficiales, gestos y conductas que llevamos a cabo sin siquiera percibirlo. Desafortunadamente, no podemos filtrar todo el cúmulo de información que se traslada a través de nuestras miles de conexiones neuronales. Es lógico que muchas veces esta información nos exponga en un escenario comunicativo.

La buena noticia es que puedes aprender a leer el lenguaje corporal de las otras personas. Aprender esto no es para nada complicado; de hecho, para algunos es un tema tan apasionante como cualquier otro. Se trata, en definitiva, de perfeccionar nuestros mecanismos de lectura. Pequeños gestos, micro expresiones, posturas, todo esto tiene una razón de ser (en la mayoría de los casos, inconsciente para todas las partes relacionadas). Entre los indicadores más ilustrativos de un lenguaje corporal positivo (cuando el otro se siente cómodo en tu presencia o con el tema que se toca), se destacan:

- Una ligera inclinación corporal hacia ti.
- Sonrisa natural.
- Prolongados intervalos de contacto visual.
- Brazos relajados a cada lado del cuerpo.

En contraparte, existen manifestaciones que deberás tomar como alarmas porque indican que la persona no está del todo cómoda o que incluso está molesta e irritada. Las más frecuentes son:

- Se alejará, ampliando la distancia entre su cuerpo y el tuyo.
- Evitará el contacto visual.
- Gestos o tics como rascarse constantemente la nariz o los ojos.
- Brazos o piernas cruzados.

Teniendo en cuenta estas manifestaciones elementales, a continuación, te enseñaré algunas consideraciones relacionadas al lenguaje corporal para que sepas discernir cuándo alguien se siente cómodo o no.

Expresiones faciales.

Seguro tienes una idea bastante clara de cuánto podemos transmitir a través de una expresión facial. De hecho, nosotros mismos podemos darnos cuenta cuando hemos exteriorizado una emoción dirigida al interlocutor. Una ceja enarcada, desde luego, es el ejemplo más claro. Un ceño fruncido manifiesta desaprobación o molestia; en contraparte, una sonrisa transmite tranquilidad, alegría y felicidad. La expresión de la cara incluso puede transmitir confianza o incredulidad. Estas son algunas de las emociones que podemos conocer por medio de una correcta y atenta lectura de las expresiones faciales:

- Molestia.
- Rabia.
- Emoción.
- Deseo.

- Desprecio.
- Asco.
- Felicidad.

La importancia de leer lo que las personas dicen desde sus expresiones faciales trasciende fronteras e idiomas. Es por ello que se trata de una herramienta eficiente y directamente asociada al éxito y a la capacidad comunicativa del ser humano.

Gestos.

Los gestos son posiblemente la manifestación más clara y evidente del lenguaje no verbal o lenguaje corporal. Desde agitar las manos o señalar, todas estas son formas de transmitir un mensaje sin el uso del lenguaje verbal o escrito. Por ejemplo, está la señal de la "V", que realizamos alzando solo el dedo índice y el medio. En la mayoría de los países, este gesto representa la palabra paz o victoria. Otro de los ejemplos clásicos es el gesto de "ok" o "bien", que se hace a través de la unión del dedo pulgar y el índice. Cada día utilizamos muchos gestos de forma consciente y formal. Sin embargo, cuando no estamos comprometidos con la conversación, difícilmente los captemos, aunque se trate de símbolos tan reconocibles.

Postura.

Como sostenemos nuestro cuerpo durante una conversación también es un tipo de mensaje. Asume este desafío como si se tratase de un juego: más allá de si lo crees o no, el cuerpo humano arroja mensajes en todo momento. Mensajes encriptados que deben ser interpretados por el interlocutor. En este caso, por ti. Las posturas no escapan de esta realidad. Presta atención en tu próxima conversación. Si la persona se sienta derecho es porque está debidamente concentrada y atenta a lo que le dices. Existen dos tipos de posturas en términos de lenguaje corporal:

- Postura abierta: cuando el individuo expone el torso de su cuerpo. Esto sugiere disposición y apertura por parte de la persona.

133

- Postura cerrada: mantener los brazos o piernas cruzados, esconder el torso del cuerpo al tiempo que se inclina hacia adelante. Esto sugiere hostilidad, incredulidad y ansiedad.

La boca.

Sí, la boca puede enviarnos múltiples señales sin que esto implique utilizar el lenguaje hablado. Si quieres aprender a leer el lenguaje corporal de las personas, es menester que te familiarices con el significado de ciertos dobleces o gestos de la boca. Recuerda que el lenguaje corporal te permitirá estar un paso delante de tu interlocutor. De esta manera no solo te adelantarás a interpretar si la persona se siente cómoda, también podrás deducir cuestiones como irritabilidad o confusión.

- Labios fruncidos: distintos especialistas han determinado que los labios fruncidos pueden estar asociados a desesperación, desaprobación o desconfianza.
- Morderse los labios: esta es una señal inequívoca de que tu interlocutor se encuentra ansioso, preocupado o estresado.
- Hacia arriba, hacia abajo: el movimiento de la boca también es un signo que deberás leer. Si la boca está ligeramente hacia arriba, representa felicidad, comodidad u optimismo. Si, por el contrario, está hacia abajo, este es un indicador de tristeza o desaprobación.

Capítulo 18

Herramientas para influenciar

Es importante conocer el poder de la influencia en los otros, como estrategia de éxito. La idea, en esencia, es que conozcas algunos aspectos neurálgicos sobre un tema que ha dado mucho de qué hablar en las últimas décadas.

Existen marcadas diferencias entre influir y manipular. Esto se ha dicho en segmentos anteriores del libro, sin embargo, es pertinente ahondar un poco más en todos los contrastes conceptuales que existen entre la influencia y la manipulación. A estas alturas, ya tienes claro que la manipulación tiene como objetivo primordial socavar la cosmovisión de un individuo para que este, a su vez, adquiera la del manipulador. La influencia va mucho más allá, sin tomar recovecos invasivos. En resumidas cuentas, quien sabe influir en las otras personas no coacciona su libertad de decisión, sino que *convence* desde una serie de estrategias ampliamente desarrolladas por la psicología social.

Existen muchos escenarios en la vida. Cada uno de ellos requiere, así mismo, un enfoque totalmente distinto si se quiere alcanzar una influencia óptima en quienes nos rodean. Entendiendo esto, pretende enseñarte los siguientes temas: *Influir en la vida social*, *Influir desde lo racional* y, en última instancia, *Influir, no manipular*, que refresca y amplía las diferencias entre un concepto y otro.

Como es sabido, muchas personas existen como depredadores en esto de las emociones. Su alimento diario pasa por descubrir a los individuos que manifiesten vulnerabilidades para, de esta manera, atacar con toda la intensidad que requiera el caso. Recuerda que el objetivo de un manipulador es sacar provecho de su control sobre los demás. En este sentido, se hace necesario estudiar todas las posibles medidas de prevención para evitar que esto ocurra. ¿Quién quiere que sus emociones sean el laboratorio para que otros experimenten cuanto consideren necesario en aras de sus metas personales? Desde luego, nadie.

Mi recomendación personal es que tomes toda la información presente en las próximas páginas. Puedes mejorar tus condiciones de vida si incluyes en ella nuevos hábitos y un nuevo enfoque, que contribuyan a protegerte, al tiempo que fomentan tu crecimiento como ser humano. Para muchos, la vida es un camino difícil, lleno de dificultades y desafíos. Esto es inobjetable, pero, ¿qué pensarías si te digo que es posible darle un giro radical a tu vida? Quien influye positivamente sobre los demás, no solo mejora la vida de quienes le rodean sino la propia. Esta premisa me ha acompañado a lo largo de mi existencia y, créeme, ¡ha sido un viaje maravilloso!

Influir en la vida social.

Construir relaciones sociales fuertes es sencillo porque actuamos desde la emocionalidad. La mayoría de las personas no recuerdan el momento exacto en que sus mentes asimilaron a determinado individuo como un "posible buen amigo". Esto se debe a que nuestras emociones tienen su propio código de funcionamiento. Como es bien sabido, existen emociones positivas y negativas. Estas últimas son particularmente más potentes, después de todo nos es más sencillo recordar un evento doloroso que uno feliz. De allí la importancia de tener un óptimo control emocional para poder establecer nexos que soporten la prueba del tiempo.

Ahora, ¿te imaginas como una influencia para quienes te rodean? La buena noticia es que, como casi todo en la vida, puedes desarrollar enfoques diversos para que tu influencia en las personas sea mucho más notoria y sostenible en el tiempo. Influir en los demás no solo te ayudará a mejorar tus condiciones sociales y de éxito, sino que tendrá una implicación positiva en los otros. Todo está, claro, en no sobrepasar los límites ni apelar a los chantajes emocionales. Existen algunos enfoques que deberás tener en cuenta al momento de influir en términos sociales. A continuación, tres de los más infalibles:

- Socializando: conocer a otras personas, ser amable, agradable, encontrar puntos en común. Estas son algunas de las características presentes en todo proceso de socialización. Prácticamente todas las amistades empiezan por pura casualidad, pero, ¿qué te parece la idea de tener el dominio de la situación para así, deliberadamente, conocer a los demás en niveles de profunda relatividad? Se sabe que nuestros amigos tienen un significativo poder de influencia sobre nosotros. Esto se debe a la confianza que se ha creado bilateralmente desde el origen de la amistad. De allí la importancia de familiarizarse con la socialización como un enfoque para influir en los otros.

- Como aliado de negocios: para nadie es un secreto que existen personas que tienen una mentalidad tan pragmática que solo entienden de ventajas y beneficios en términos de negocios. Esta mentalidad puede ser una herramienta muy poderosa para alcanzar el éxito, no tengo dudas al respecto, pero también ejerce un peso negativo en cuanto al relacionamiento con los demás. Sin embargo, cuando nos mostramos como un posible aliado de negocios, obtenemos atención por parte de estos interlocutores. No siempre es tan efectivo como quisiéramos, pero es una forma muy sólida de influir en los demás. Después de todo, quien quiere generar abundancia o poder en los negocios, usualmente tiene la mente abierta para escuchar nuevos enfoques.

- Consultando: este enfoque de influencia funciona muy bien en personas inteligentes, que se sienten capaces de generar ideas nuevas e innovadoras y soluciones palpables. Si quieres influir en las demás personas, inclúyelas en tu sistema de creencias, en tus dudas del día a día. Permítete consultarle cosas, hacer preguntas de todo tipo. En este sentido, inclúyeles en las posibles soluciones. Siempre me ha parecido sorprendente cómo es que el hecho de ayudar a alguien más (respondiendo sus preguntas, ofreciendo posibles soluciones) ejerce un peso de influencia mucho mayor en quien es consultado, que en aquel que está buscando respuestas. Puedes intentarlo y notarás que tu opinión adquirirá más relevancia para tus interlocutores.

5 estrategias para influir en el día a día.

¿Quieres convertirte en un verdadero líder? ¿Quieres desarrollar habilidades comunicativas y de influencia cónsonas con los tiempos que estamos viviendo? Independientemente de lo que te motive a profundizar en este tema, existe una solución. En realidad, existen 5 grandes soluciones. Hablo de estrategias que muchas veces están incluidas en nuestro sistema de comportamientos pero que no hemos sabido aprovechar.

No hay que olvidar que siempre estamos expuestos a diversos escenarios sociales. En otras palabras, podemos influir en los demás o terminaremos siendo influenciados. Esta última opción no siempre es mala, pero, recuerda que los maestros de la manipulación siempre están al asecho de su próxima víctima. En este sentido, ¿qué te parecería aprender 5 estrategias para influir en el día a día? No me refiero a pócimas mágicas ni a brebajes milagrosos. Son 5 comportamientos que ya están arraigados en tus hábitos diarios, pero no han sido debidamente capitalizados. De manera que, despreocúpate, no hablaremos de complejas operaciones aritméticas. ¿Estás listo?

Influir desde la ética.

La ética es una de las armas más poderosas en cuanto a influencia en otras personas. Si bien es cierto que esta estrategia solo funciona bien en aquellas personas con un sistema ético adecuado al tuyo, cuando es bien aplicado resulta una técnica inmejorable.

Por ejemplo, cuando en una reunión de trabajo alguien se niega a hacer algo que considera incorrecto o inmoral, inconscientemente está ejerciendo un tipo de influencia sobre otros miembros de la reunión, que verán en él a alguien íntegro y en quien vale la pena confiar. En consecuencia, cada vez que esta persona diga algo o tenga alguna posible solución en mente, tendrá la atención de quienes estuvieron presentes en la reunión. Una vez fortalecidos los puntos en común, la influencia no tiene vuelta atrás.

Influir desde y con el ejemplo.

Esta es una técnica muy utilizada por las personas encargadas de transmitir ideas o mensajes importantes. Quiero que pienses en la última conferencia o simposio especializado al que asististe. Estoy seguro de que el orador fortalecía sus opiniones o comentarios con ejemplos constantes.

Quienes han perfeccionado sus habilidades comunicativas saben que el primer aluvión de palabras no siempre es suficiente para que una idea se materialice en la mente del interlocutor, por lo que utilizar ejemplos para afianzar la idea es, desde luego, una técnica muy efectiva. Las personas, desde el subconsciente, interpretan esta habilidad como el dominio del tema. Y, como se sabe, quien genera confianza... genera influencia.

Desde la mentalidad de abundancia.

Se ha determinado que robustecer los puntos comunes entre tus interlocutores y tú es el camino más sencillo para ejercer un tipo de influencia sobre ellos. Ahora, no solo se tienen en común gustos musicales, literarios o los viajes realizados. La mentalidad es un factor a tener en cuenta. Partiendo del ejemplo anterior: si en un conversatorio sobre ser un empresario exitoso, el orador no da pruebas sólidas de que está hablando desde la experiencia, desde una trayectoria incuestionable, entonces los participantes perderán interés y dejarán de prestar atención a sus palabras.

También sucede en caso contrario. Puede que en un café te topes con un desconocido y, por casualidad, inician una conversación.

Aunque sean dos extraños, si tu mentalidad de abundancia es adecuada con su visión del mundo y del éxito, escuchará cada una de tus palabras sin siquiera interrumpir, más que para ahondar en tu discurso. Esto es influir.

Desde el humor.

El humor es otra de las herramientas fundamentales. Hace mucho tiempo leí en algún artículo que las personas más inteligentes son aquellas que tienen un sentido de humor saludable y pleno. ¿Estás de acuerdo con esta frase? Lo cierto es que el humor implica un conjunto de emociones positivas que, en consecuencia, alinearán la atención de los interlocutores con lo que estés diciendo. Cuando alguien sabe hacer un buen uso del humor (un humor inteligente, sensible y global), llega con más profundidad a la psique de las personas porque se asocia con emociones positivas como la alegría, la paz, la euforia, entre otras.

Desde la autoridad.

Se ha tejido una gran polémica sobre este tema. ¿Es la autoridad un arma para influir, para coaccionar o para manipular? Si bien es cierto que la autoridad es un arma sensible, muchos de sus resultados dependerán del hecho en que esta es aplicada sobre las otras personas. Por ejemplo, si alguien se muestra arrogante y autocrático, no conseguirá, sino que los demás actúen desde el miedo a posibles consecuencias. Sin embargo, este no es el único tipo de autoridad posible. Hay quien influye desde la autoridad de haber alcanzado el éxito en determinada área.

Por ejemplo, si tu objetivo de vida es romper con los paradigmas establecidos en términos sociales, cada palabra que escuches o leas de Mark Zuckerberg será oro para ti. Aquí, el creador de Facebook no ejerce su influencia desde una autoridad tóxica sino desde el empoderamiento que implica haber llegado a una meta que tú compartes.

Capítulo 19

Formas amables y eficaces para conseguir que las personas hagan lo que uno quiere

Mientras que un manipulador destruye la visión de los demás a través del control emocional, la subyugación y la intimidación, la persona influyente trabaja desde la persuasión sin necesidad de imponer su propia cosmovisión del mundo en quienes conforman su entorno social o profesional. Muchas veces hemos sido víctimas de maestros de la manipulación que nos utilizaron para sacar provecho de nuestras acciones sin que pudiéramos siquiera percibir que estábamos sufriendo una extorsión emocional.

De acuerdo a muchos estudios llevados a cabo por expertos de la psicología social, un alto porcentaje de nuestros comportamientos se debe a la influencia que otros han ejercido sobre nosotros. Sin embargo, esto no implica una claudicación en nuestros principios. De lo contrario, si abandonamos nuestras búsquedas personales para satisfacer la visión de otros, es porque estamos siendo víctimas de una manipulación mental. Ahora bien, ¿crees que existen formas amables y eficaces para conseguir que las personas hagan lo que quieres? Bueno, pues esto es lo que busco, enseñarte a convencer e influir en los demás sin entrar en los tenebrosos rincones de la psicología oscura.

Toda la información que encontrarás a continuación ha sido diseñada con el propósito de que mejores tus habilidades para influir en los demás. Recuerda en todo momento que, aunque no lo parezca, influir y manipular no son lo mismo. Sin embargo, las diferencias conceptuales no serán tratadas aquí en vista de que ya se ha profundizado sobre ellas en capítulos anteriores. A partir de ahora, te recomiendo que utilices las páginas siguientes como una especie de pequeña guía práctica que te permitirá entender que existen formas amables de conseguir que otros hagan lo que queremos sin mancillar sus voluntades individuales.

Muchos investigadores han buscado la frontera entre la manipulación y la influencia. Entre ellos, la anteriormente citada Marie France Hirigoyen. El fragmento a continuación fue extraído de su obra *El Abuso de la Debilidad y Otras Manipulaciones.*

> ¿Dónde empieza la influencia normal y sana y dónde empieza la manipulación? ¿Cuál es la frontera?
>
> También a veces nosotros, conscientemente o no, manipulamos: una comunicación no siempre es completamente neutra. Puede ser por el bien del otro (un progenitor puede hacerle tomar un medicamento a su hijo; un profesor trata de transmitir mejor sus enseñanzas...). También puede hacerse de forma inofensiva, como en el caso del cónyuge al que manipulamos para que nos acompañe a una reunión que le parece aburrida. Ningún sector de la vida social se libra de la manipulación, tanto en el trabajo para que un compañero te eche una mano como en la amistad cuando disfrazamos los hechos para dar una mejor imagen de nosotros mismos. En estos casos, la manipulación no es malévola ni destructiva, sino que forma parte, mientras exista una reciprocidad, del intercambio normal. Pero si uno toma el poder sobre otro, dicha manipulación se convierte en abuso.

Creo pertinente decirte que aquí no aprenderás a distorsionar la voluntad de los demás, sino a convencerles desde la influencia directa. Como aprendiste en el capítulo anterior, es posible emplear distintos métodos para generar confianza en los demás. En consecuencia: influir efectivamente. Estas herramientas han sido estudiadas y confirmadas por oradores de todas las latitudes, que tras largos años de investigaciones han conseguido llegar a la conclusión de que el ser humano tiene una tendencia natural a dejarse influir por otros. Bien sea desde la autoridad, la emocionalidad, la ética, la mentalidad de abundancia e incluso desde el humor. Ahora bien, ¿te imaginas capitalizando estas herramientas en aras del convencimiento a tus contemporáneos?

10 formas amables de conseguir que otros hagan lo que quieres.

Si algo ha caracterizado a los especialistas del marketing desde siempre ha sido su capacidad de ejercer cierta influencia en las personas. La necesidad de influir en los demás es una cuestión que abarca cada pequeño fragmento de la sociedad. Pero, para los expertos en marketing es una forma de vida. Su profesión los ha llevado a entender mejor que nadie cuáles son las flaquezas de las personas y cómo capitalizarlas en beneficio propio. Influir en los demás no es socavar sus voluntades sino convencerles. De allí la importancia de esta rama de negocios en todas las empresas del mundo, incluso en aquellas que uno pudiera creer que no necesitan ejercer influencia alguna.

Ahora, ¿hace falta ser un experto en marketing para conseguir que otros hagan lo que queremos? No, por supuesto. Ellos han aprendido de esto a través de la experiencia, y en parte gracias a ellos el resto de investigadores han encontrado las bases para dirigir sus estudios del comportamiento humano. La buena noticia es que todos podemos perfeccionar esta arma. ¿Cómo? Incluyendo pequeñas prácticas en nuestro sistema de conductas de cada día. A continuación, 10 formas amables de conseguir que otros hagan lo que quieres.

1. Muestra interés genuino por los demás.
Si quieres un pequeño ejército de devotos compañeros de vida, nada es tan efectivo como mostrar interés genuino por sus preocupaciones, logros, incomodidades o metas. Ten en cuenta que todas las emociones positivas son tan contagiosas como cualquier virus, de manera que cuando te interesas por los demás, enciendes en ellos motivaciones profundas. ¿Se enfermó el hijo de tu colaborador? ¿Tu socio está por casarse? ¿Cómo va el hijo

de tu jefe en la universidad? En la medida en que las personas perciban que te interesas por ellos, establecerán un nexo emocional contigo. Esto facilitará que hagan cosas por ti con solo pedírselas.

2. Dirígete a las personas por sus nombres.

Se ha demostrado que cuando nos dirigimos a los demás por sus nombres, creamos cables emocionales y de reciprocidad. El trato personalizado es un arma muy efectiva para influir en las personas y conseguir, así mismo, que estas se muestren siempre atentas a tus deseos e intereses. Se trata de un pequeño ejercicio psicológico para robustecer nuestras habilidades comunicativas. La psicología, desde luego, funciona para conseguir de una forma amable que otras personas hagan lo que queremos. En resumidas cuentas, no hables de forma impersonal; esto es interpretado (inconscientemente) como desconocimiento de tu parte. Menciona el nombre de tus interlocutores siempre que lo consideres necesario y tendrás su atención y ayuda en todo momento.

3. Practica la escucha activa.

Una conversación es, en términos generales, el intercambio de ideas y opiniones sobre distintos temas. Estas se presentan en la oficina, en un establecimiento, en un centro comercial, en el núcleo familiar o en la universidad. Entendiendo que el ser humano es un animal social, el relacionamiento con los demás forma parte de lo que somos. En este sentido, cuando escuchas atentamente a tus interlocutores, puedes ofrecer soluciones o hacer preguntas que le permitan al otro asimilar el hecho de que estás prestando toda la atención que se requiere de ti. En contraparte, siempre que necesites un consejo o ayuda, le tendrás a tu disposición.

4. Pide favores.

Sí, sé que puede parecer una estrategia en cierto modo contradictoria, pero no lo es. Pedirle favores a alguien hará que sea mucho más probable que ese alguien te ayude sin condiciones ni objeciones en futuras oportunidades. Existen estudios científicos que avalan la trascendencia del "pedir favores" como una técnica amable para conseguir que otros hagan lo que queremos. Está claro que el cerebro humano, henchido de subjetividades, interpreta que, si en algún momento le hiciste un favor a alguien, es porque ese alguien te agrada de sobremanera. De manera que, si buscas una forma amable de convencer a alguien de que te ayude, pide favores.

5. No te autosabotees.

Todos hemos cometido el error de comportarnos como unos imbéciles en determinadas circunstancias. Al margen de todas las formas y técnicas enseñadas a lo largo de este capítulo, una de las más importantes es: no autosabotearte. Esto implica: no ser grosero, no hablar desde la arrogancia, no subestimar las habilidades de las personas, no ser altanero o prejuicioso. Nadie quiere ayudar a alguien que se comporta de forma grosera, que atropella a sus interlocutores, que se cree superior en todos los aspectos. En otras palabras: no seas un idiota. Este es un primer paso necesario para convencer a los demás.

6. Sé genuinamente agradecido.

No en vano se considera que la gratitud es uno de los hábitos más poderosos y transformadores de cuantos podemos echar mano. Esta práctica repercute, a su vez, en las emociones resultantes de las demás personas. Si quieres que alguien haga algo que quieres, céntrate en algo que te guste de esa persona y cuéntale. Debe tratarse de un agradecimiento genuino, natural. No subestimes la capacidad interpretativa de tu interlocutor. Todos los seres humanos quieren un aprecio sincero, no halagos vacíos. De manera que esta es una forma bastante eficaz de convencerles para que hagan tu tarea, por decirlo de un modo jocoso.

7. No temas preguntar.

¿Por qué crees que las preguntas son una herramienta imprescindible para convencer a los demás? Porque las personas no ayudan a cualquiera; para hacerlo, requieren una suma de emociones positivas y mucha confianza. En este sentido, cuando haces preguntas relacionadas al tema que tu interlocutor toca, demuestras que estás escuchando activamente, que prestas toda la atención requerida por este. De manera que, punto a favor, has empezado a ganar su confianza. Otro de los enfoques en las preguntas es que son el sustituto perfecto de las órdenes. ¿Cómo crees que reaccionaría mejor alguien, si le ordenas hacer algo o si le preguntas si puede hacerlo?

8. Desafía a las personas.

Si estás en una posición de liderazgo y quieres fortalecer la motivación de tus colaboradores de una forma amable, desafíales. Señala a uno al azar, di su nombre y explícale con un discurso claro y conciso lo que esperas de él. Dale Carnegie, autor del libro *Cómo ganar amigos e influir en las personas,* deja claro que cuando nos sentimos desafiados (en buenos términos, claro está) nuestra motivación se eleva a niveles insospechados. Este es un pequeño truco psicológico muy eficaz al momento de convencer e incentivar a alguien a que tome determinada acción. También puedes ponerlo en práctica desde la amistad. Un pequeño desafío amistoso no desagrada a nadie.

9. Sé humilde y acepta tus errores.

No tomes demasiado tiempo para aceptar tus errores y pedir disculpas. Se sabe que todos los seres humanos somos propensos a tomar malas decisiones que afectan a otros individuos. En este sentido, nada genera más confianza e influencia en los demás que el hecho de saber que somos lo suficientemente maduros como para dar un paso atrás y pedir disculpas de forma genuina por los errores cometidos en el camino. También debes ser muy claro. No divagues demasiado ni te muestres inseguro. ¡Estás totalmente seguro de que cometiste un error! Pero... ¡también estás totalmente seguro de que lo mejor es aceptar el error y disculparse! Así, tu percepción en los demás cambiará significativamente.

10. Evita las críticas innecesarias.

Te haré una pregunta directa desde el corazón, ¿a quién le gustan las críticas? Sí, sé que se dice mucho acerca de las críticas constructivas y las destructivas, pero, seamos sinceros, las críticas son desagradables para todos, independientemente de la forma en que nos las hicieron. Está claro que, una vez recibida, hay que actuar desde la madurez emocional para que ello no afecte nuestra efectividad. La variable, aquí, es que no tienes la certeza de cuál será la reacción de tus interlocutores frente a estos reproches. En resumidas cuentas, evita las críticas innecesarias. Practica la retroalimentación genuina y, así, conseguirás establecer un cable emocional para futuras situaciones.

Cada una de estas prácticas te será de gran ayuda al momento de influir en las demás personas, para que estas hagan cosas por ti. Sin embargo, debes tener en cuenta que todas estas técnicas o trucos psicológicos requieren ser ejercitados desde la ética. Recuerda que el fin no es manipular sino influir. Mientras que en la manipulación eliminas el criterio propio del individuo para instalar el tuyo; en la influencia solo estás convenciendo a través de pequeñas estrategias para que las personas hagan algo por ti. Sin embargo, esto pierde todo sentido cuando utilizas los trucos para socavar la voluntad propia de los individuos.

En la medida en que perfecciones lo aquí aprendido, estas herramientas formarán parte de tu accionar diario de forma inconsciente. El objetivo es influir en la toma de decisiones, no coaccionar. Esto es lo que nos diferencia de los maestros de la manipulación. La buena noticia es que, a estas alturas del libro, tengo la certeza de que tu sentido de la ética ha sido alcanzado en niveles muy profundos. Se trata, en definitiva, de pavimentar el camino al éxito. Y, para ello, las habilidades comunicativas y de influencia son imprescindibles, por no decir vitales.

Capítulo 20

PNL: ¿Qué es? ¿Cómo reconocerlo y cómo utilizarlo para nuestra ventaja?

Seguramente habrás escuchado muchas veces la expresión programación neurolingüística, pero, ¿realmente sabes a qué se refiere este novedoso concepto de la neurociencia? El universo de la programación neurolingüística (PNL) es tan amplio, complejo y excelso como cualquier otro. Su descubrimiento y clasificación supuso un rompimiento absoluto en la forma en que concebimos nuestro relacionamiento con los demás. La idea de abordar este tema nace de dos factores: 1) la amplitud de un tema que ha sido materia de estudio en las últimas décadas por especialistas de distintas ramas. 2) descubrir la importancia de esta en la vida diaria de las personas.

¿Te has preguntado alguna vez si la mente humana tiene formas mecánicas de trabajar o si se adecúa de acuerdo a las circunstancias vividas? Si bien es cierto que no existe un consenso en relación a cuestiones tan vastas como los mecanismos del cerebro humano, se han descubierto algunos patrones que sirven como base para las sucesivas investigaciones. ¿Cuál es la ventaja de conocer, en líneas generales, el funcionamiento de la mente humana? Bueno, existen muchas respuestas posibles, pero, en esencia, *el mundo será de quien entienda cómo funciona la mente del hombre.*

Dicho esto, pretendo que conozcas:

- ¿Qué es la programación neurolingüística?
- ¿Es posible usar la PNL a nuestro favor? ¿Cómo?
- El mundo será de quien entienda cómo funciona la mente del hombre.

Cada uno de estos subcapítulos, en sumatoria, representan una guía práctica acerca de cómo cada individuo es capaz de comprender todo lo relacionado a la mente humana. Me refiero a esas pequeñas programaciones de pensamientos que hemos ido acumulando a lo largo de nuestra historia. Condicionamientos, miedos, motivaciones, disparadores, todos estos conceptos, entendidos por la neurociencia, vienen a englobar un tema tan complejo como importante en términos de crecimiento personal.

Te recomiendo que consumas el contenido de este capítulo como si se tratara de un pequeño curso intensivo sobre el cerebro humano. No solo serás capaz de identificar cuando alguien aplica métodos de la PNL en su vida, sino que podrás darle un fin a tus nuevos conocimientos para potenciar tu crecimiento integral como individuo. El éxito de la PNL se ha comprobado en escenarios tan diversos como el mundo corporativo, las relaciones interpersonales, románticas e incluso entre quienes se dedican a impartir conocimientos varios en distintas latitudes del planeta.

¿PNL? ¿Qué significa? ¿Para qué sirve?

¿Alguna vez te has preguntado por qué unas personas llegan a la cima de sus respectivas carreras mientras que otros, la inmensa mayoría, apenas consigue ser un profesional promedio? ¿Cuál es el denominador común entre quienes hoy día son considerados líderes y referentes en sus áreas de interés y desarrollo? ¿Acaso unos son más capaces que otros? Sin duda, todos nos hemos hecho este tipo de preguntas a lo largo de nuestra vida. En muchos casos, movidos por un cuestionamiento existencial; en otros, por curiosidad intelectual. Sea cual fuere tu caso, es válido buscar las respuestas adecuadas a las preguntas más elementales.

La programación neurolingüística es una teoría que busca entender lo subjetivo de las personas para sacar un provecho de estas subjetividades. En otras palabras, entender y corregir nuestros patrones de pensamientos. Una vez que entendemos que nuestro éxito es el reflejo inmediato de las programaciones mentales que albergamos en nuestro cerebro, muchas cosas adquieren sentido. Pues, en esencia, esto es lo que busca la PNL. Esta, en definitiva, es una capacitación constante que tiene por finalidad el entendimiento de cada uno de los comportamientos que nos definen como seres humanos racionales. La mente humana, tan vasta como es, interpreta el mundo a través de los cinco sentidos según se presente cada nueva circunstancia.

El doctor Harry Alder, en su libro *El Arte y Ciencia de Obtener lo que Deseas*, amplifica esta definición en los siguientes términos.

> En resumen, la PNL trata de la manera en que filtramos, a través de los cinco sentidos, nuestras experiencias del mundo exterior y de cómo usamos esos mismos sentidos interiores, adrede y también sin saberlo, para conseguir los resultados que deseamos. Todo tiene que ver con la forma en que percibimos o pensamos. Y es nuestro pensamiento —la percepción, la imaginación, los patrones de creencias— el que determina lo que hacernos, y lo que conseguimos.

Este novedoso concepto, desarrollado por los especialistas John Ginder y Richard Bandler en 1970, rompió todos los paradigmas previamente establecidos acerca de la comprensión del comportamiento humano desde adentro, es decir, desde las programaciones mentales que fluctúan constantemente en nuestro cerebro.

Por darte un ejemplo muy sencillo y común: un simple condicionamiento adquirido en la infancia, podría ser la razón por la que te cuesta tanto tomar la iniciativa en una reunión de trabajo. Si ahondamos un poco más, es probable que esta "timidez escénica" haya sido uno de los puntos en contra al momento de ser evaluado y considerado para ese ascenso por el que has soñado durante los últimos años. Ahora, ¿qué pasaría por tu cabeza si te digo que este condicionamiento puede ser eliminado y sustituido por una estructura de pensamiento mucho más productiva para tu crecimiento? Seguramente quedarás boquiabierto, pero es verdad. De tal manera funciona el cerebro humano, y la PNL te ayuda a entender cómo funciona cada uno de sus pequeños engranajes. Así podrás modificar cada característica de tu personalidad que está ejerciendo un peso de grillete en tus tobillos.

En este sentido, la escritora Wendy Jago nos dice:

> La personalidad suele darse por sentado, como si fuese algo inamovible, una suposición que alimenta la suposición de que resulta difícil —cuando no imposible— realizar cambios fundamentales. Quienes han rellenado un perfil de personalidad (por lo general en el trabajo) a veces tienen la sensación de que sus "resultados" los han encasillado (...) La suma de tus preferencias metaprogramadas no constituye tu personalidad.

¿Cómo usar la programación neurolingüística a nuestro favor?

La utilidad de la programación neurolingüística es incuestionable. No en vano su resonancia en los últimos años ha llegado a niveles insospechados. Después de todo, ¿cómo no podría ser positivo tener todas las herramientas para identificar nuestros patrones dañinos y aplicar todos los correctivos pertinentes para que estos no obstaculicen nuestro camino al éxito? Si la PNL ha adquirido tanta relevancia en los últimos años, se debe principalmente a que tiene una efectividad plena en términos de crecimiento personal y capitalización de circunstancias específicas.

Ahora, ¿crees que es posible que el vicepresidente de una gran multinacional pueda ser eficiente si desconoce las bases de la PNL? Incluso si hablamos de un gerente departamental, para liderar a su equipo de trabajo ha de tener en consideración sus motivaciones y cómo funcionan sus mentes, ¿no lo crees? Toda historia de éxito nace de una habilidad específica, te lo concedo, pero, ¿puede alguien ser realmente exitoso solo con sus destrezas técnicas? Desde luego, no, y esto se debe a que no existe una sola persona sobre la faz de la tierra que pueda alcanzar la cima del éxito sin antes enfrentarse a distintos escenarios sociales. Está claro, si se sabe que somos animales sociales y que cada peldaño se alcanza desde el espectro social.

Te propongo que pienses en una profesión que requiera aislamiento. ¿Qué es lo primero que te llega a la cabeza? Siempre que le planteo esto a la gente suelen responder: programación. Es evidente que un programador pasa mucho tiempo a solas mientras desarrolla sistemas complejos desde sus conocimientos de ciertos lenguajes de programación. Pero, en todo caso, este profesional debe lidiar con las exigencias de un cliente, que es quien en definitiva paga sus servicios. Eventualmente tendrá que participar en una junta de proyecto donde se amplíen las condiciones del mismo o se tenga que llevar a cabo una tormenta de ideas. En todo caso, es imposible ascender a la cima sin tener en cuenta el aspecto social. Y esta es la especialidad de quien ha desarrollado habilidades propias de la PNL.

A continuación, te enseñaré algunas técnicas propuestas por la Programación neurolingüística para ser aplicadas a tu favor. ¿Estás listo?

Las primeras tres estrategias están relacionadas a la redefinición de nuestras percepciones. Después de todo, muchos de los obstáculos que hoy nos han impedido alcanzar los objetivos trazados, se encuentran en nosotros mismos y en nuestros patrones de pensamientos. Existen métodos que buscan constituir nuevas percepciones que sustituyan viejas prácticas mentales. A este respecto apuntan las siguientes estrategias:

Afirmaciones positivas.

Las creencias limitantes representan uno de los flagelos más importantes en cuanto al crecimiento integral de un individuo. Cuando las personas se dejan apabullar por esa voz interior que asegura que no son capaces de realizar determinada tarea o alcanzar un objetivo, instaura una fuerza compleja que le impiden siquiera tomar acciones concretas para llegar a la meta que se hayan trazado. Para contrarrestar estas creencias limitantes, la PNL propone un ejercicio diario de afirmaciones positivas. Estas afirmaciones son pequeños mantras que te dirás a ti mismo durante cinco minutos cada día. De esta manera, tu cerebro se irá adecuando a una autopercepción mucho más amable. Recuerda que quien carece de autoconfianza no podrá nunca descubrir su verdadero valor como ser humano.

Redefinir nuestra conducta hacia el dinero.

Los grandes especialistas en la mentalidad de abundancia saben que muchos de nuestros problemas para generar riqueza y abundancia provienen de la forma en que nos relacionamos con el concepto dinero. Existen muchas posibles razones que expliquen esta conducta. Por ejemplo, es muy común que cuando alguien ha sido criado con premisas como "ser rico es malo" o "el dinero solo trae problemas", esta persona terminará tomando como propios estos condicionamientos que, en definitiva, no le ayudarán a tomar acciones concretas para generar abundancia. Una vez que hayamos identificado de dónde proviene esta relación tóxica con el dinero, podremos ejercitar afirmaciones positivas que nos permitan reprogramar nuestros patrones de pensamientos.

La visualización positiva.

Del mismo modo que en las estrategias anteriores, la reprogramación de nuestra estructura de pensamientos pasa por tratarnos amablemente. Esto significa, de acuerdo a este caso, una visualización positiva. Se trata de un ejercicio beneficioso en muchos aspectos. En primer lugar, porque al imaginarnos en la meta, sintiendo las emociones propias de haber alcanzado nuestros objetivos, se verá fortalecida la motivación para seguir adelante. En segundo lugar, porque acostumbramos al cerebro a pensar en *términos optimistas*. En consecuencia, ninguna tarea le resultará ardua o imposible porque asocia la imagen visuali-

zada con las emociones sentidas durante el ejercicio. Mi recomendación es que practiques esta rutina cada noche justo antes
de irte a dormir.

Pero también existen técnicas de la PNL en cuanto al trato con
los demás. Está claro que el espectro social es tanto o más importante que nuestros programas mentales. En este sentido, estas son 2 técnicas que podrás aplicar en tu día a día para que la
PNL funcione a tu favor en todo momento.

Rapport.

El rapport es una de las joyas ocultas de la Programación neurolingüística. Se trata de un ejercicio terapéutico-psicológico en el
que un individuo busca consolidar una relación emocional con su
contraparte, a través de una serie de pequeños trucos. Es, en
definitiva, la creación de una empatía inconsciente entre uno o
varios individuos. Pero, ¿cuáles son estos *pequeños trucos*? Es,
en el argot de la PNL, la coincidencia y la duplicación. Es un proceso que funciona cuando nos movemos al ritmo de la otra persona para "capitalizar" los puntos comunes.

Fisiológicamente hablando, estas son algunas de las cosas que
podemos reflejar:

- Lenguaje corporal.
- Postura.
- Gestos.
- Voz.
- Frecuencia respiratoria.

Esto consolidará una afinidad emocional entre los interlocutores.
Es una técnica muy utilizada en entrevistas de trabajo o mesas
de negociación. De esta manera, quien la aplica consigue una
ventaja emocional sobre su acompañante al situarse en el espec-
tro-reflejo.

Leer el lenguaje corporal.

Otro beneficio de la PNL es que nos enseña a leer el lenguaje corporal de las personas. Tal como te lo mencioné algunos capítulos atrás, la mente humana manifiesta emociones y subjetividades a través de pequeños tics corporales que suceden de forma inconsciente. Si algo debemos agradecer a los que han desarrollado el concepto de la programación neurolingüística es que nos han ofrecido algunas opciones interesantes para sacar crédito de lo que nuestros interlocutores nos dicen, sin decirlo. De esta manera podemos evitar temas que resalten emociones negativas, corregir en tiempo real algún comportamiento que incomode al otro e incluso adelantarnos a sus respuestas con la correcta interpretación de todas estas micro expresiones o manifestaciones del subconsciente.

Del libro *El Arte y Ciencia de Obtener lo que Deseas*:

> El impacto de la PNL ya ha sido trascendente, pues sus aplicaciones se han extendido a más y más áreas de la vida humana. Sus conceptos sencillos pero profundos y los registros de seguimiento de éxitos prácticos han dado como resultado su notable crecimiento, y ahora desafía el puesto que ocupa la psicología ortodoxa en la relevancia que tiene para la gente normal. Al mismo tiempo, hace que generaciones enteras de libros de autodesarrollo y pensamiento positivo resulten muy incompletos y anticuados.

Capítulo 21

¿Qué es la hipnosis? Técnicas y cómo utilizarla.

Adquirir estas herramientas te permitirán mejorar tus condiciones de vida y dar un salto significativo hacia la concreción de tus propósitos.

La hipnosis. Existen muchos mitos y mucho escepticismo en torno a la idea de la hipnosis como una terapia funcional, no obstante, todo aquello que incluye adentrarnos en las profundidades de nuestra mente subconsciente tiene una trascendencia reveladora.

No importa si el cerebro humano es una máquina compleja y extraordinaria; en la medida en que descubras cada uno de sus rincones, obstáculos y motivaciones, mejorarás tus posibilidades de reprogramar cada estructura de pensamientos, alineándola con tu vida y con tus metas personales. Abordare temas tan importantes como:

- ¿Qué es la hipnosis?
- ¿Cuáles son las ventajas de la hipnosis?
- 5 técnicas básicas para mejorar tu vida a través de la hipnosis.

Porque, en efecto, es posible mejorar tus condiciones de vida. Todo está relacionado con una reconexión contigo mismo. Para nadie es un secreto que las (muchas veces) violentas dinámicas de la vida nos han llevado a una posición diametralmente distinta a la de nuestras primeras motivaciones. Sin embargo, esta es una característica asociable a la madurez y al crecimiento personal. La buena noticia es que, contrario a lo que pudiera creerse, la hipnosis no es un ejercicio desafiante o que esté solo al alcance de unos pocos virtuosos. Muchas veces practicamos algún tipo de hipnosis en nuestra rutina sin siquiera tener idea de esto. Increíble, ¿no te parece?

Como es bien sabido, la hipnosis ha tenido que enfrentarse a una serie de prejuicios y estigmatizaciones de distintos niveles desde su aparición en el espectro terapéutico. El doctor Michael Yake, en su libro *Lo Esencial de la Hipnosis*, nos indica lo siguiente:

> El hecho de que la hipnosis se use como espectáculo en los medios de comunicación (sobre todo en espectáculos en directo pero también en el cine y la televisión) contribuye a mantener los estereotipos populares que la representan como una forma mágica de solucionar los problemas de forma instantánea mediante poderosas sugestiones (...) A la hora de promover concepciones equivocadas es igual de peligroso el hipnotizador de espectáculos que el que, a causa de la ignorancia o la avaricia, usa la hipnosis de manera que ofrece ideas falsas al público. Dichas personas normalmente tienen escasa o ninguna formación oficial en hipnosis y en las ciencias de la educación, pero saben lo suficiente como para engañar a la gente afirmando falsamente que poseen un poder sensacional.

Ahora bien, al margen de todas estas asociaciones erradas por parte de algunos, personalmente he sido testigo de la monstruosa efectividad de la hipnosis como conjunto de técnicas terapéuticas para entender mejor el cúmulo de subjetividades que flotan en nuestro interior.

¿Qué es la hipnosis?

Esta práctica fue constituida y acuñada por el doctor inglés James Braid durante el siglo XIX. Seguramente sabrás que esta práctica recibe su nombre de Hypnos, el dios del sueño según la mitología griega. Existen muchas definiciones posibles (y todas más o menos válidas) para entender en pocas palabras de qué va esto de la hipnosis. Sin embargo, optemos por una representación genérica para que te sea más fácil su comprensión. La hipnosis es un estado alterado de consciencia al que se tiene acceso mediante una serie de técnicas aplicadas por un profesional en esta práctica. La hipnosis puede ser:

- Autoinducida.
- Inducida por un agente externo.

La idea de la hipnosis es apreciar cambios, tanto psicológicos como fisiológicos, reconocibles en ese espacio entre la mente subconsciente y la mente consciente, comúnmente llamado "trance". Una vez que hemos llegado a este punto, encontramos momentos o anécdotas del pasado que por diversas razones cayeron en una especie de bloque o autosabotaje por parte de los mecanismos defensivos del cerebro. Uno de los terapeutas más reconocidos e importantes en el mundo de la hipnosis, Horacio Ruiz, nos cuenta en su libro *Guía Práctica de Hipnosis* lo siguiente:

> El estado alterado de conciencia es como ese aforismo que afirma que para resolver un problema imposible solo hay que cambiar el punto de vista, mirarlo desde otros ángulos. En los estados alterados de conciencia se ven con claridad los conflictos subconscientes y a menudo también su mejor solución. Pues bien, los expertos están de acuerdo en considerar al hipnotismo como la técnica o conjunto de técnicas que nos llevan de la manera más rápida y eficaz a ese especial estado de nuestra mente. Es el sistema por antonomasia para lograr un estado alterado de conciencia.

En la actualidad se han definido distintos tipos de hipnosis. A continuación, resumo brevemente estos tipos para tu conocimiento general:

- Autohipnosis.
- Hipnosis cognitivo-conductual.
- Hipnosis ericksoniana.
- Hipnosis tradicional.
- Hipnosis enfocada en la solución.
- Programación neurolingüística (PNL).

La verdad es que, más allá de los prejuicios y consideraciones erradas en torno a la hipnosis, esta es una herramienta terapéutica muy válida para quienes buscan encontrar esos pequeños condicionamientos que, de alguna u otra forma, han desajustado sus posibilidades de éxito. La hipnosis, en lo personal, surge como un proceso terapéutico que, lejos de infravalorar la importancia de la mente humana, entiende con humildad que un porcentaje significativo de nuestros obstáculos tienen su razón de ser en los programas mentales que nos constituyen como individuos.

Si aún tienes dudas en lo concerniente a la hipnosis, te invito a que continúes leyendo. En el siguiente subcapítulo te mencionaré algunas de las ventajas más importantes de la hipnosis como proceso terapéutico para la comprensión de nuestras pequeñas subjetividades. En muchos casos, pequeñas, sí, pero en sumatoria estas tienen el potencial para socavar nuestras opciones de vivir una vida plena y feliz.

¿Cuáles son las ventajas de la hipnosis?

A lo largo de la historia se ha demostrado que la hipnosis aporta a las personas una cantidad significativa de ventajas. Sus beneficios son tan importantes, y tienen un impacto tan profundo, que nos proveen una mejora considerable en muchos aspectos de nuestra vida diaria. El mejoramiento de estas condiciones trae, a su vez, consecuencias palpables en cuanto a rendimiento y productividad. En efecto, cuando aplicamos la hipnosis como terapia de reconexión con nosotros mismos, podremos:

Romper con malos hábitos.

Una de las características más sorprendentes de la hipnosis es que nos ayuda a romper definitivamente con malos hábitos que se encuentran arraigados en nuestra estructura mental de comportamientos. Como ya sabrás, un hábito es una conducta aprendida a través de la repetición. La neurociencia explica los hábitos como pequeñas conexiones neuronales que se consolidan con cada repetición. Por ejemplo, quien quiere dejar de fumar navegará por una lista interminable de medicamentos sustitutivos de la nicotina o medicinas herbáceas.

Pero, ¿qué efecto tiene la hipnosis en nosotros y en nuestros hábitos? Partiendo de la premisa de que los hábitos (mala alimentación, tabaquismo, ludopatía, mitomanía) son conexiones de nuestro cerebro, ¿qué mejor manera de solucionarlos que a través de la reprogramación mental? Esto es lo que ofrece la hipnosis por medio de sus distintos tipos. Descubrir los eventos condicionantes y gestionarlos desde adentro hacia afuera, entendiendo el mal que estos generan en nuestro organismo.

Perder peso sin efecto rebote.

Esta es la consecuencia directa de la ventaja anterior. En la medida en que mejoramos nuestros hábitos alimenticios, perdemos peso sin exponernos a un efecto rebote. ¿Cómo sucede esto? Porque la hipnosis nos ayuda a incluir una nueva programación mental en nuestra estructura de pensamientos. Imagina por un momento que tienes la posibilidad de entrar en tu cerebro y dejar en uno de sus anaqueles una pequeña ficha donde aparecen, clasificas, todas las consecuencias negativas de tener una alimentación desordenada e irresponsable. Esto es, en esencia, lo que se logra con la hipnosis. Después de todo, estamos nadando en el interior de nuestra mente subconsciente.

Reducir nuestros niveles de estrés.

Del mismo modo que funciona con la meditación, en la medida

en que profundicemos en los pequeños factores que afectan nuestra tranquilidad, tendremos un mejor manejo de las situaciones de estrés. La hipnosis puede ajustar tu proceso de pensamiento, consiguiendo así una actitud mucho más relajada frente a las vicisitudes de la vida diaria. La hipnoterapia es, en este sentido, una opción mucho más saludable y menos invasiva que la interminable lista de fármacos ofrecidos por la industria farmacéutica. Muchos de los cuales generan adicción y farmacodependencia. Recuerda que la hipnosis nos ayuda, en definitiva, a eliminar los malos hábitos mentales como la obsesión o el pensamiento repetitivo.

Mejorar nuestro sueño/descanso.

Se ha demostrado con suficiente evidencia que cuando no descansamos lo suficiente, vemos afectados muchas de las actividades primarias de nuestro organismo. Además, perdemos la capacidad de tomar decisiones y acciones adecuadas para salir adelante. De manera que, si te está costando conciliar un sueño reparador e ininterrumpido, la hipnosis puede ser una buena opción para ti. Según indica Kelley Woods, hipnotista de renombre, el sueño se encuentra anclado en nuestro subconsciente. Lo que quiere decir que no tiene sentido apelar a los procesos conscientes para solucionar una problemática que tiene su razón de ser en la mente subconsciente del individuo.

Aliviar los dolores crónicos.

Se sabe que el dolor es una señal que nos envía nuestro cuerpo para indicarnos que algo no está funcionando bien. Esto es inobjetable, pero, ¿qué pasa cuando el dolor se vuelve patológico, disfuncional e impredecible? La hipnosis ha sido utilizada con amplio éxito en el tratamiento de dolores crónicos. Existen casos en que se sigue presentando determinada dolencia incluso después de que el cuerpo se encuentra curado. Este desbarajuste tiene su razón de ser en la mente subconsciente, por lo que una alternativa más que viable es la aplicación de la hipnosis como proceso terapéutico para reconducir el subconsciente a un estado de salud. Así, el cerebro dejará de reproducir manifestaciones de dolor cuando en realidad no existe evidencia física de alguna molestia.

Aliviar la ansiedad.

La ansiedad es una de las sensaciones más complejas y (psíquicamente) dolorosas que puede afrontar un individuo. Decenas de testimonios dan cuenta de una mejora significativa en sus condiciones psíquicas luego de haber participado en algún tipo de hipnosis. El doctor Michael Yapko, en un fragmento extraído de su libro *Lo Esencial de la Hipnosis* nos explica esto desde su autoridad y experiencia en el tema:

> La hipnosis como herramienta de trabajo puede ayudar a crear habilidades para relajarse y dar una sensación de autocontrol. Yo creo que enseñar a los clientes la autohipnosis (inducciones hipnóticas y utilizaciones que pueden llevar a cabo ellos mismos cuando quieran) es una parte necesaria del trabajo hipnótico en contextos clínicos. El simple hecho de saber que uno puede relajarse profundamente y reconocer sus pensamientos, sentimientos y conductas puede tener un efecto poderoso a la hora de controlar el estrés y la ansiedad.

2 técnicas de hipnosis para mejorar tus programas mentales.

Ha llegado el momento de agregar un poco de práctica a toda esta teoría. Lo que hace de la hipnosis un proceso terapéutico tan especial es que no hace falta ser un experto para hacer algunas pruebas o técnicas en nuestras rutinas diarias. A continuación, las tres técnicas de hipnosis para mejorar tus programas mentales.

Técnica de fijación visual.

El objetivo es inducir a la persona en un estado hipnótico a través del cansancio de sus músculos oculares y los párpados. El éxito de esta técnica radica en la no-resistencia del individuo, ya que el estado hipnótico se alcanza al este cansarse o aburrirse por la natural fijación durante un tiempo prolongado a determinado punto inmóvil. La repetición de las sugestiones juega aquí un papel fundamental. Ahora, como apenas somos aprendices de la hipnosis, lo ideal es que hagas este ejercicio contigo mismo.

1. Siéntate cómodamente en algún espacio que te resulte agradable.
2. Fija tu mirada en un punto exacto e inmóvil, puede ser un punto marcado en la pared que esté por encima de tu línea visual.
3. Mantén tu atención y mirada puesta sobre este punto. Luego de unos minutos, este se tornará difuso o distorsionado. Presta atención cuando esto ocurra.
4. Conforme pase el tiempo, sentirás una pesadez importante en los párpados. Es normal, tus músculos oculares empiezan a sentirse naturalmente agotados. Aunque te resulte tentadora la idea de cerrar tus ojos, no lo hagas. No los cierres hasta el momento en que te resulte más agradable.
5. Transcurrido cierto tiempo notarás que un estado de relajación y bienestar se apodera de tu cuerpo. Tu respiración se tornará regular y placentera. Llegado este punto, respira tres o cuatro veces y continúa disfrutando de la sensación de bienestar que se propaga por tu cuerpo. En tu mente, experimenta tus propias sugestiones para fomentar la tranquilidad y mantener los ojos cerrados. A partir de este momento, permítete unos minutos de silencio y tranquilidad. Disfruta de esta sensación mientras piensas en tus objetivos desde esas sensaciones placenteras.
6. A partir de este momento, habla contigo mismo. Comunícate que al abrir los ojos te sentirás totalmente renovado y pleno. Cuenta de 5 a 0 y finalmente abre tus ojos.

Técnica de relajación.

El método de relajación es una mezcla de tres factores principales: la relajación muscular, sugestiones de tranquilidad y una respiración suave. La finalidad es que la persona consiga un estado de trance apacible mediante un ritmo de respiración regular. Para ello, los pasos son:

1. Siéntate cómodamente. Busca un sitio que no perturbe tu tranquilidad.
2. Dirige toda tu atención hacia tu respiración. Esto quiere decir que debes concentrarte en todas las sensaciones inherentes a la respiración, por ejemplo, cómo sube y baja el oxígeno inhalado, el movimiento del tórax, entre otros.
3. Permítete abstraerte poco a poco de acuerdo al ritmo de la respiración. Esta tranquilidad facilitará los procesos restantes. No intervengas en la respiración; deja que esta se calme por su propia cuenta hasta alcanzar un ritmo regular.

4. Conforme la respiración se haya tornado regular, pasa tu atención al cuerpo. Haz una especie de recorrido calmo por cada una de las zonas que componen tu cuerpo; en el ínterin, puedes encontrar tensiones físicas o mentales, conscientes o inconscientes.
5. Una vez localizada alguna tensión, libérala a través de una honda respiración. Siente cómo la tensión física o mental se va diluyendo en la medida en que el aire sale de tu cuerpo.
6. Después de que estas tensiones hayan sido liberadas, concéntrate en el estado de bienestar en el que te encuentras. Recorre tu cuerpo nuevamente, fijándote en las sensaciones agradables de cada uno de los puntos. Identifica aquel punto de tu cuerpo que sientes más cómodo y relajado. Siente cómo cada inhalación bombea tu cuerpo de mayor bienestar.
7. Cuando esta sensación se encuentre en todo tu cuerpo, trabaja por unos minutos en tus objetivos. Visualiza imágenes y sugestiones para conseguir un saneamiento más profundo.

8. Sugiérete que, desde el momento en que abras los ojos, te sentirás mucho más renovado y dispuesto a ser mejor. Cuenta de 5 a 0 y luego abre tus ojos.

Capítulo 22

Cómo ser patrones del lenguaje

Poco a poco nos acercamos al final de este libro. Te pido que mires cada capítulo como un escalón más; un conjunto de escalones que te dieron herramientas, conocimientos, interpretaciones y sorpresas perfectas para incluir en tus hábitos diarios. Porque, en esencia, la idea de este proyecto fue desde el principio ayudarte a mejorar tus condiciones de vida desde la libertad individual. No sirve de nada ser la persona más hábil del mundo en determinada acción si esta no viene acompañada de patrones mentales cónsonos con lo que buscamos. Esto sugiere que, a veces, el enemigo no está en las circunstancias externas sino en nosotros mismos, incrustado en nuestra mente subconsciente como un pequeño monstruo al que no podemos tocar.

La buena noticia es que, como te he demostrado a lo largo de los capítulos anteriores, estos programas mentales no son monstruos milenarios con tres cabezas y garras inmensas. Son pequeñas estructuras que podemos cambiar y sustituir por mejores hábitos solo si así lo decidimos. El objetivo de estudiar el arte del lenguaje es ofrecerte razones y sugerencias, que nos permitan lograr superar la resistencia psicológica de las personas a través de una práctica basada en mentalidad positiva. Somos capaces de cambiar el estado emocional de la mente de otras personas sembrando ideas y cambiando la dirección de sus pensamientos. Pero, ¿sabes cómo?

Con independencia de la actividad a la que te dediques, siempre estarás en la necesidad de influir en las personas. Algunas de las sugerencias que te ofrezco en el contenido de este capítulo pasan por entender la importancia de la influencia en la vida diaria y cómo adentrarte en la mente subconsciente de los demás, para que estos actúen de acuerdo a tus planes. Sobra decir que ello implica, en la base, un respeto por el libre albedrío de la sociedad. Todo cuanto hacemos debe estar regido por cierto canon moral para que nuestras acciones no sean las mismas de un simple manipulador mental. La buena noticia es que es posible hacerlo.

Los pequeños trucos que aprenderás a continuación serán de gran ayuda en tu camino al éxito. Solo tienes que ejecutarlos desde el respeto, sin pretender con ello socavar la visión de los demás más que superficialmente. En este sentido, todo cuanto hacemos tiene consecuencias directas o indirectas, tanto en nosotros mismos como en las personas involucradas, por lo que solicito que actúes siempre desde la integridad ética. No vale la pena manipular mentalmente a las demás personas porque, más temprano que tarde, estas consecuencias llegarán a nosotros. Lo ideal es *influir*. Generar ideas e implantarlas en los otros. Que sean ellos, en definitiva, quienes tomen las decisiones.

El valor de las ideas.

Para nadie es un secreto que el mundo, tal como lo conocemos, es liderado por aquellas personas que han sabido llevar a buen puerto una idea específica. Independientemente de si hablamos de líderes políticos, líderes religiosos, grandes empresarios o un padre abnegado que ha sabido inculcar los valores adecuados en sus hijos. Sea cual fuere tu caso, las ideas son el núcleo del desarrollo de la humanidad. Con ellas podemos trascender, superar la prueba del tiempo, ser felices desde la proliferación de una idea que surgió en nosotros y que representó una solución palpable para muchos.

Cada vez que hago referencia a soluciones innovadoras pienso en el creador de Netflix, que interpretó tan precisamente el mundo y las nuevas tecnologías al momento de darle forma a su idea de transmisión por *Streaming*. Sin embargo, este es solo uno de los cientos de casos que se presentan a diario en el mundo. Ahora bien, está claro que nadie que haya desarrollado una idea exitosa ha conseguido llevarla a buen puerto totalmente solo. Esto es, a priori, imposible. Necesitamos de los otros para generar un efecto inmediato y sustentable.

Esta es la razón por la que muchos políticos han alcanzado niveles insospechados de éxito. Porque saben transmitir una idea e implementarla en el subconsciente de sus acólitos. Sin estas herramientas, las sociedades basarían sus decisiones en aspectos más superficiales y subjetivos como la personalidad, el tono de voz o la forma de vestir.

Sin embargo, con el desarrollo de instrumentos como la programación neurolingüística, la hipnosis o la psicología, las ideas han pasado a un espectro mucho más amplio. Ahora no solo podemos tener una idea novedosa, también es necesario (para su respectivo éxito) inculcarlas en los demás. Por ejemplo, el gerente de una multinacional que ha pensado en una posible solución a las problemáticas de su empresa, necesitará convencer a una junta directiva acerca de la viabilidad de este proyecto-solución. Lo mismo ocurre, en mayor o menor medida, en cada recoveco de la vida misma.

Por esta razón (entre muchas otras) es que creo pertinente que redondees tus conocimientos en términos de implantación de ideas. Hacerlo no es especialmente difícil, pero deberás dedicar tiempo y constancia para que perfecciones la práctica con cada nueva repetición. Ten en cuenta que llevar a cabo alguna sugestión o estrategia psicológica tiene un efecto en los demás y en ti mismo.

Tres técnicas perfectas para sembrar ideas en los demás.

Es difícil seguir el ritmo endemoniado con el que el mundo nos hace andar. Las dinámicas cada vez más impredecibles (de los mercados, del intelecto, del aprendizaje, de la profesionalización, entre otros) pueden llegar a hacernos sentir débiles o demasiado pequeños para afrontar todas estas fluctuaciones que parecen no tener fin. El espectro de las ideas no escapa de esta realidad. ¿Quieres influir en las decisiones de otras personas? Es normal, todos quieren eso; solo unos pocos son capaces. Entonces, ¿qué diferencia al ciudadano promedio de ti? Que tú tienes hambre de conocimientos, que sabes que el mundo es grande pero que tú lo eres más. De manera que, por ello estás aquí, leyendo este libro, porque sabes que aquí se encuentran muchas de las respuestas que has buscado a lo largo de tu vida.

En esencia, todos tenemos ideas, pero el porcentaje de personas que saben cómo implantar sus ideas en el subconsciente de los demás es significativamente pequeño. Como tengo la certeza de que tú no quieres formar parte de esa gran masa de personas que desconocen el *cómo*, quiero ofrecerte mi experiencia y conocimientos para que desarrolles tus ideas con todas las ayudas pertinentes.

Entendiendo todos los escenarios a los que estamos expuestos durante el día a día, he preparado una rápida explicación de las tres técnicas más maravillosas en términos del convencimiento y transmisión de una idea a otra persona.

Psicología inversa.

La cultura popular se ha encargado de darle a la psicología inversa un enfoque humorístico. Sin embargo, es un instrumento totalmente válido e infalible al momento de implantar ideas en las demás personas sin necesidad de coaccionar sus voluntades individuales. Todos tenemos una idea más o menos clara de lo que significa la psicología inversa; la aplicación de una inversión lógica para modificar las determinaciones del otro. ¿Quién no ha cambiado de planes por verse atrapado en una pequeña jaula de psicología inversa? Para nadie es un secreto que esta es una de las armas más comunes para implantar ideas y modificar las intenciones de un individuo a través de un pequeño truco psicológico.

Las afirmaciones positivas.

Las afirmaciones positivas son maravillosas porque tienen un margen de aplicación vasto como el océano. Estas nos ayudan en la intimidad, cuando las incluimos en nuestras rutinas para reprogramar determinadas conductas mentales en nuestro cerebro. En primer lugar, las utilizamos para deshacernos de esas creencias limitantes que ejercen sobre nosotros un peso invisible que nos impide avanzar. Pero también puede aplicarse para implementar ideas en otras personas.

Funciona exactamente del mismo modo que con nosotros, solo que en este caso estamos dirigiendo perdigones a alguien más para que este cambie sus pensamientos negativos y pesimistas. Tú puedes hacerlo. Yo confío plenamente en ti. He visto en ti un talento inimaginable, no tiene sentido detenerse. Estos son solo algunos ejemplos prácticos y muy comunes.

El contagio de emociones por asociación.

Se ha determinado que las emociones son tan contagiosas como un virus. Seguramente te preguntarás cómo funciona esto del contagio de emociones. Es tan sencillo como abrazar a alguien que tiene gripe. Es cuestión de días para que termines con síntomas propios de un resfriado. Ahora, si entendemos que las emociones se contagian, solo hace anclar estas a una idea. Funciona como una especie de condicionamiento que lleva a la persona a sentirse bien con el solo hecho de pensar en la idea que hemos asociado con emociones como la euforia, la alegría, la esperanza o el éxito.

Puedes, por ejemplo, mostrarte eufórico y esperanzado con la idea de hacer un viaje de verano al extranjero (incluyendo al otro, *solo si quiere*). Cada vez que tengas oportunidad, tendrás que establecer los mismos lineamientos: hablar del viaje y mostrar euforia y esperanza. Así, la asociación empieza a tomar forma en la mente de tu amigo. Llegado el punto, este no podrá pensar en el eventual viaje sin sentirse esperanzado.

Sembrar una idea, no imponerla.

Uno de los errores más frecuentes en quienes intentan convencer a otros de seguir una idea es que lo hacen desde la fuerza, no desde la emoción. Si bien es cierto que muchas veces actuamos por temor o miedo, esta no es la naturaleza genuina del ser humano. Sobre todo, en un mundo globalizado donde el ser humano redescubre cada día el valor de su voluntad como instrumento de éxito, e incluso de integridad. Para sembrar una idea hace falta aplicar instrumentos o herramientas propias de la psicología, la PNL o la persuasión. Estas, al no ser invasivas, favorecen la familiarización de las personas con ideas que le son (en principio) ajenas u hostiles.

Si eres vendedor, no necesitas aplicar la fuerza para que tus potenciales clientes terminen comprando tu producto o servicio. Contrariamente, si le das un buen uso a tus mecanismos de persuasión no solo terminarás concretando una venta, sino que ganarás la lealtad de un comprador que se ha sentido muy bien atendido durante todo el proceso. Esta es la diferencia entre un manipulador y un persuasor, tal como se profundizó en capítulos anteriores.

Si algo nos ha enseñado la psicología a lo largo de la historia es que el cerebro humano tiene algunas reacciones inmediatas solo ante los estímulos adecuados. Posiblemente cuando usas la intimidación o la manipulación mental para conseguir que alguien "adecúe" tu idea, obtendrás resultados inmediatos pero que no se sostendrán en el tiempo. Obtendrás, en otras palabras, una bomba de tiempo que más temprano que tarde explotará en tu rostro.

Para cerrar este capítulo, un maravilloso fragmento extraído del libro *Pre-suasión*, del doctor Robert B. Cialdini:

> Ya no debemos concebir el lenguaje como una herramienta de transmisión, como un medio para comunicar la concepción de la realidad de un emisor, sino como un mecanismo de influencia, como un medio para inducir a nuestros interlocutores a que compartan nuestra concepción o, al menos, a que actúen según ella. Cuando damos nuestra opinión

de una película, por ejemplo, lo que hacemos no es tanto explicar nuestra posición a los demás como intentar persuadirles de la misma. Logramos ese objetivo empleando un lenguaje que oriente su atención hacia esos ámbitos de la realidad que están cargados con asociaciones en potencia favorables a nuestro punto de vista.

Conclusión

Hemos llegado al final de este libro. Desde un principio tuve la certeza de que me acompañarías hasta el final de este paseo maravilloso y transformador. Recuerdo que, poco antes de empezar, mientras cavilaba sobre las opciones, necesidades y soluciones que ofrecería a los lectores, me surgió una pregunta que posteriormente reflejaría en la introducción. Esta interrogante era: ¿qué nos impide retomar el control de nuestras vidas? Me propuse, en este sentido, que el lector pudiera responder a esta simple pregunta luego de terminada la lectura. Para lograrlo, volqué toda mi experiencia y conocimientos a través de una serie de capítulos que buscaban, desde luego, facilitar todas las herramientas pertinentes para agarrar con fuerza el volante de nuestras vidas y, así, seguir adelante.

Elementos que personalmente considero neurálgicos como la autoestima, la autoconfianza y la motivación fueron profundamente tratados durante distintos segmentos del libro. ¿La razón? No existe crecimiento alguno si no creemos que somos capaces de crecer. Tal como lo indica la especialista Gabriela Husmann:

> La autoestima positiva es la clave para comprendernos y comprender a los demás. Nos permite, además, el reconocimiento de nuestras capacidades y nos habilita para confiar en nosotros mismos. Todas las personas tenemos un valor, no es necesario ser él o la mejor, alcanza con saber que somos capaces de hacer nuestro mejor esfuerzo y quedar satisfechos. Esto permite apreciarnos con nuestras limitaciones, emociones, sentimientos, necesidades, etc., aceptando que éste es el equipaje que tenemos para recorrer nuestra existencia. También tomando en cuenta que hay conductas o rasgos de nosotros que podemos modificar.

Buscando respuestas al problema de la manipulación, revisé infinidad de teorías, casos, síndromes y actividades paliativas para evitar que quien haya sido expuesto a determinado tipo de abuso emocional consiguiera mejorar sus condiciones de vida. Porque la esencia de este libro es mostrar el valor y la importancia de la mentalidad en nuestras vidas. Nuestros programas mentales tienen implicaciones directas o indirectas en los resultados que obtenemos día tras día.

Cada uno de los capítulos fue diseñado bajo un enfoque didáctico. En lo personal, nunca he visto con buenos ojos esos libros que prometen "ayudarte a crecer" pero que, en contraparte, divulgan una cantidad ingente de tecnicismos y conceptos abstractos. Es por ello que, aquí, he optado por un lenguaje sencillo, a partir de ejemplos y clasificaciones idóneas para robustecer el aprendizaje de la teoría.

A partir de ahora, tienes una responsabilidad más contigo mismo: ya no hay excusas para tomar las riendas de tu vida, romper con cualquier tipo de manipulación que se haya cernido sobre ti y ascender a pasos agigantados hacia una vida llena de plenitud, abundancia y felicidad. Tienes un número importante de estrategias y técnicas que podrás aplicar en tu día a día para conseguir esos resultados que, hasta ahora, te han resultado esquivos. Una vez más, gracias por tu atención. Confío en que le darás un uso adecuado a todos estos nuevos conocimientos que has adquirido en el transcurso de estas páginas.

Me gustaría dar las gracias a todas esas personas que han opinado positivamente todos mis libros anteriores y dejarles un abrazo virtual. Como ya saben, los comentarios positivos, son la savia energética de mi trabajo, cada opinión es mi motor.

Y ti que estas leyendo, y que seguramente te interesaste en llegar hasta aquí. Me gustaría que dejaras una buena opinión, agradeciéndote con un pequeño regalo.

Si quieres dejar tu opinión y ganarte un cheque regalo Amazon, abre este QR Code atreves de la foto cámara de tu celular o entrando directamente en este enlace:

www.fabiangoleman.com/cheque-regalo

.....Gracias.

Tengo otros libros que quisiera invitarte a explorar, porque junto a este te permitirán expandir tu mente y tener un conocimiento más integral.

Autodisciplina, es ideal para moldear tus actitudes, explotar tus habilidades, desarrollar tu potencial y dirigir tus acciones hacia la construcción de una realidad más ideal para ti.

De igual forma puedes leer mi libro **Inteligencia Emocional**, con el que podrás aprender cómo gestionar tus emociones para cumplir tus objetivos y ayudar a los demás.

Por no faltar, puedes leer mi libro **Psicología Oscura**. Este libro te ayudará a conocer cuáles son esas técnicas de persuasión que se pueden usar para influir en el carácter y en las decisiones de las personas, así como también te permitirá descubrir patologías, psicopatías y cómo identificarlas.

Printed in Great Britain
by Amazon

68086029R00102